崛起中的浙系房企

品质 / 共赢 / 创新

RISING REAL ESTATE ENTERPRISES IN ZHEJIANG

易居企业集团·克而瑞 著

杭州 | 浙江工商大学出版社
ZHEJIANG GONGSHANG UNIVERSITY PRESS

随着20世纪80年代商品房入市，中国房地产开启了三十多年波澜壮阔的历程，冲在行业浪潮第一线的是一批批房地产开发企业，它们见证、引领了行业的发展，也经历了重重洗礼。本书的主角——浙江籍的房地产企业，是近几年脱颖而出的一个群体。它们的崛起为行业贡献了很多新的视角、新的模式、新的思考，这些将在本书中与读者们产生碰撞。

地产行业像一个热闹的江湖，不亚于金庸小说中的武侠派系，以地域划分的不同房地产企业派系也各成一体。除了浙系以外，还有粤系、闽系、海派、京派。将浙系房企与其他派系房企比较，更能品出浙系房企的别样韵味。

(1) 粤系的广度，浙系的高度

粤系房企是行业规模的代表，规模排名前十中，粤系占据半壁江山，粤系房企以碧桂园、万科、恒大、保利、中海、华润为代表，它们也是全国化布局的先行者。粤系房企站在改革开放的前沿，有"敢为天下先"的精神。浙系房企则在品质上代表了行业的高度，它们围绕品质建立起的一系列制度、产业链协作机制，在行业里树立起了一个高标准。它们打造的品质住宅，拔高了浙江省作为全国房地产精品市场的高度。

(2) 闽系的鹰速，浙系的稳健

"爱拼才会赢"的闽系房企近几年发展很快，它们以世茂、旭辉、阳光城、泰禾为代表，将总部迁至上海，在短短几年内实现全国化布局，并重仓一、二线和核心城市，开辟了第二根据地。同时，这批房企敢于通过较激进的拿地方式和较有风险的杠杆融资，在行业上行周期创造较大的规模效应和品牌效应。而浙系房企奉行稳健原则，主张立足浙江大本营，进行省内区域的深耕。在金融工具上，浙系房企多借助股权合作模式来放大企业投资规模和提高扩张速度，同时，也构筑了收益共享、风险共担的合作方式。

(3) 京派的豪放，浙系的精致

京派房企无论是项目的外观，还是企业家的风格，都体现出大气磅礴之感。以万通、SOHO中国为代表的企业，塑造了很多有强烈视觉冲击的地标性建筑，彰显气势和尊贵，同时也注重概念上的创新。而浙系房企则追求精致，愿意在"看不见"的细节上倾注时间和成本。浙系房企将客户需求和体验放在很重要的位置上，注重产品的细节雕琢、功能的挖掘打造、服务的体贴入微，围绕客户需求不断进行创新、提升，彰显的是品质、价值、服务。也正是这个核心竞争力，让浙系房企赢得的不仅是江湖

FOREWORD
序言

图书在版编目（CIP）数据

崛起中的浙系房企 / 易居企业集团·克而瑞著 . — 杭
州 : 浙江工商大学出版社 , 2019.1
ISBN 978-7-5178-3055-9

Ⅰ . ①崛… Ⅱ . ①易… Ⅲ . ①房地产企业—企业发展
—概况—浙江 Ⅳ . ① F299.275.5

中国版本图书馆 CIP 数据核字 (2018) 第 268015 号

崛起中的浙系房企
JUEQIZHONG DE ZHEXI FANG-QI
易居企业集团·克而瑞 著

责任编辑	蓝安妮　沈　娴
责任校对	吴岳婷
封面设计	金　涛　刘　康
责任印制	包建辉
出版发行	浙江工商大学出版社
	（杭州市教工路 198 号　邮政编码 310012）
	（E-mail: zjgsupress@163.com）
	（网址：http://www.zjgsupress.com）
	电话：0571-88904980，88831806（传真）
排　　版	刘筱璟
印　　刷	上海画中画包装印刷有限公司
开　　本	710mm×1000mm　1/16
印　　张	18.5
字　　数	221 千字
版 印 次	2019 年 1 月第 1 版　　2019 年 1 月第 1 次印刷
书　　号	ISBN 978-7-5178-3055-9
定　　价	78.00 元

排位，更是大众的尊重。

如果说"高度、稳健、共享、精致"代表的是浙系房企的过去和现在，那么在新的行业形势下，浙系房企要想继续保持领先，未来还要再上一个台阶。

(1) 产品上，创造新的产品价值观

客户群体在变，需求在变。"90后""95后"，甚至"00后"正逐渐成为这个市场新的购买主体，他们对居住的需求已然发生了很大的变化，他们呼唤的是科技化、智能化、环保化，以及新的社群环境。所以在这个群体中树立新的产品价值观，需要对客户需求有着洞察力优势的浙系房企引领行业去做。

(2) 布局上，走向更广阔的全国市场

相较于其他派系的房企，浙系房企的扩张速度总体上是慢半拍的。由于追求产品精致化，以及有稳定的合作圈层和融资渠道，它们往往喜欢在大本营长期深耕。在城市周期轮动的风险和机遇中，它们都有必要走出去，走出浙江，走出长三角，走向全国，凭借扎实的基本功，争取更大的发展空间。

(3) 资本市场上，放大优势，表现出更多的活力

浙系房企在品质、共赢、创新等方面，都在全国"领风气之先"，这与浙江本地优秀的商业文明是一脉相承的。但是它们在资本市场的表现略显保守，有些企业虽然上市很早，但是市值始终徘徊不前。行业变幻多端，对手实力也不差，把握好资本市场才能有更好的未来。浙系房企的发展需要按照资本市场的游戏规则进行一些管理、运营上的创新，需要注入一些更大胆、更开放的思路。除了进一步放大自身优势，树立更鲜明、更有活力的品牌形象，还要学习同行在多元化金融、人才建设等方面的做法。

浙系房企在对待产品和客户服务上的用心、用情，是让人钦佩的。我们期待它们在之后的发展更加全面、更加开放。

易居企业集团首席执行官

丁祖昱

目录 CONTENTS >>

CRIC视角

深度　我眼中"崛起中的浙系房企"
——品质、共赢、创新和发展路径优化 / 1

一、品质浙企、共赢浙企、创新浙企 / 6

二、"路径依赖"和新周期新逻辑下的浙企改革之路 / 27

企业战略

绿城　对话绿城中国行政总裁张亚东
品质+创新，驱动企业跨周期发展 / 43

一、24年品质化之路，形成完善的产品体系 / 46

二、新形势下如何保持品质领先？ / 49

三、规模增长以品质为前提 / 56

四、投资布局更加注重产品因素 / 58

五、组织架构创新：轻重并举 / 59

六、业务创新：优化投资结构，探索蓝海机遇 / 63

滨江　对话滨江集团董事长戚金兴
雁型布局，千亿房企冲刺的另一种姿势 / 73

一、十年"内外兼修"，形成核心竞争力 / 75

二、厚积薄发，规模快速增长冲千亿 / 76

三、"雁型布局"，深耕也能出千亿 / 79

四、财务红利显现，为规模加速提供资金 / 81

五、一整套确保品质的制度优势 / 83

六、产品线完善，从高至低的产品力"降维打击" / 84

目录 CONTENTS >>

祥生　对话祥生集团总裁赵红卫
想得明白、做得坚决的祥生模式 / 91

一、城市选择标准：低容积率保溢价，市场导向看活力 / 93

二、在三、四线城市的深度下沉和高效管控 / 95

三、进入重点二线城市，对冲大本营风险 / 99

四、拥抱大城市，布局活跃的都市圈城市 / 101

五、聚焦改善需求，在三、四线实现"降维打击" / 103

六、特色小镇聚合产业势能，打造高维度竞争力 / 107

七、扩大融资渠道，应对金融紧缩 / 109

佳源　对话佳源集团董事长沈玉兴
**另辟蹊径的黑马——大手笔开展收并购，大格局布局
国内外 / 115**

一、粮草充足，千亿佳源的底气 / 118

二、全国化和国际化布局的大格局 / 119

三、收并购的大胆践行者，助力规模增长 / 120

四、标准化助推品质，产业化升级产品 / 123

五、多元化产业，支撑地产发展和平抑风险 / 124

六、员工是核心竞争力 / 126

中梁控股　对话中梁控股总裁黄春雷
两年铸就千里马，中梁崛起模式解读 / 135

一、四大因素成就"中梁速度" / 137

二、制度设计高手,管理为企业赋能 / 141

三、未来投资会全国布局、全结构布局 / 145

四、多渠道融资促发展,"三降一调"保稳健 / 148

五、灵活的产品体系,领先的精装修研发 / 150

德信 对话德信地产总裁费忠敏
周期切换、竞争下沉,看浙江老牌房企的新思考 / 157

一、千亿新战略:布局浙江和省外重点城市 / 159

二、省内:暂避风险城市,深耕优质城市 / 163

三、省外:布局核心二线及周边,"一对一"联动拓展 / 164

四、打造杭派精工产品体系 / 165

五、加强对外合作,助力"走出去" / 167

六、扁平化管理,强调团队自我驱动 / 168

七、长线布局,打造全生命周期产品 / 169

华鸿嘉信 对话华鸿嘉信董事长李金枢
最年轻浙系房企的赶超之路 / 177

一、如何做到温州第一? / 179

二、为什么"离开"温州? / 183

三、走出温州前做好了准备 / 184

四、面向全国的打法 / 185

五、"一定要控制风险" / 188

目录 CONTENTS >>

绿城管理 对话绿城管理董事长李军
代建"游戏"规则制定者的方法论 / **193**

一、代建的"成绩单"比一般自投项目出得慢 / 195

二、不以能级划分城市，更精准锚定代建机会 / 196

三、商业模式：为中小企业赋能，平抑周期波动 / 198

四、新业务模式：开发代建、金融服务、知识分享 / 200

五、打造"绿星标准"，做行业规则制定者 / 203

六、互联网平台思维，未来有更多可能性 / 206

中天 对话中天房产董事长卢国豪
坚持品质，借力风口，稳健加速房地产 / **211**

一、区域深耕，适度扩张 / 214

二、能穿周期的中长期货值储备 / 215

三、建设基因下的人才和品质管控 / 216

四、修炼内功，抓住天然红利 / 221

大家 对话大家房产董事长赵炎林
具有金融思维的轻资产+精品住宅开发商 / **229**

一、品牌赋能：构筑科技和教育壁垒 / 231

二、品质坚守：以半标准化打造精品住宅 / 238

三、投资布局：区域深耕+择机扩张 / 241

四、创新发展：四管齐下探索突围路径 / 245

荣安 对话荣安地产董事长王久芳
百亿浙企如何应对竞争、不下牌桌？ / 253

一、"1+N"布局战略，加大宁波之外布局 / 255

二、适度增长、低成本融资、小体量运作，保稳健发展 / 259

三、两级构架、人性化跟投、制定管培机制 / 261

四、开放学习，对标各家之长，催动体系化升级 / 262

天阳 对话天阳地产董事长蔡学伦
"半标准化"的精品战略 / 267

一、不断进阶的户型专家，以制度化保障品质 / 269

二、走出杭州大本营，全面发力大浙江 / 272

三、对于天阳股权融资和扩大规模的建议 / 275

VIEWPOINT

—— CRIC视角 ——

我眼中"崛起中的浙系房企"
——品质、共赢、创新和发展路径优化

提到浙系房企，地产业界首先想到的是浙系房企品质高、对品质打造很执着，消费者首先想到的是以绿城为代表的高端项目，金融圈首先想到的是全国化不够和资本化不足……

但最近几年，浙系房企呈现出三个明显的态势：第一，浙系房企重新开始加速发展，出现群体性崛起的现象；第二，这种发展伴随着新的融资模式和组织架构调整；第三，这种加速发展伴随着很多独立思考和行业引领性的创新，比如代建方面、金融平台的构筑、TOD等新型开发模式。

从房企规模及全国排名来看，2015年排进前五十的只有绿城、滨江两家，而2018年达到五家，且基本集中在前三十，百强及邻近的榜单中，浙系房企达到十七家，且排名逐渐向前靠拢。

从近三年的复合增长率来看，六家发力明显的浙系房企复合增长率平均约为87%，而近年以"快"著称的融信、旭辉、龙湖，这一数字是64%左右。

表1 典型浙系房企近年销售规模增长速度（单位：亿元）

房企	2015年	2016年	2017年	2018年（目标）	三年复合增长率
祥生	109	180	568	1000	109.3%
华鸿嘉信	64	210	349	500	98.4%
中梁	168	337	758	1300	97.8%
佳源	157	282	508	1000	85.5%
德信	75	157	265	350	67.1%
滨江	235	330	615	1000	62.0%

数据来源：克而瑞

因此，浙系房企是继粤系、闽系之后的又一个"现象级房企"，其最新的思考、运营、创新都值得借鉴。更关键的是在过去的十年中，这批浙系房企经历过全国化受挫、地楼比高企、大本营回落且布局分散等状况，而这些对身处当下的企业或许能提供更多的启迪和借鉴。

· 浙系房企在2010年之前是全国化的先行者，包括绿城、南都、郡原、嘉凯城、莱茵达、众安、宋都、广宇、中梁、雅戈尔等。但2010年之后，这批企业纷纷退守浙江大本营，收缩、转让、深耕。如果行业目前的一个主旋律是"去杠杆"的话，浙江企业对此是有切肤之痛的，它们的经验、复盘，以及行动，对很多房企来说有借鉴作用。

· 2018年，高周转带来的安全事故和信任危机层出不穷，几乎成了地产企业的"灰犀牛"。伴随着行业调整背景下的陆续交房，"后续的麻烦"会更多。脱离品质的"高周转"只是特定时间的产物，昙花一现，且烦恼颇多。如果高周转是行业不可避免的趋势，那么浙系房企所坚守的品质，以及围绕品质所形成的内在逻辑、架构和制度安排里，应该有克服高周转"副作用"的良方。

· 近几年，伴随土地供给收缩、行业竞争加大，"地楼比"越来越高，重点城市50%—70%是常态。对企业而言，不拿难受，拿了也难受。而这种状态在浙江的很多城市已持续十多年，当时的"地楼比"就达到了40%—50%。那么浙系房企的应对和化解之道是什么？

· 单城市产出提升有困难，在三、四线城市出现繁荣的情况下，很多企业进入更多的城市，由原来的十余个城市扩大到几十个城市，布局越来越离散。根据克而瑞的研究和判断，房地产行业可投资布局的城市数量呈十倍地增长。在新形势和新周期中，如何面对这个问题，解决这个问题，是能不能抓住未来的关键。而浙江地理是"七山二水一分田",经济是"块状经济"主导,天然就是一个离散型的市场。因此,研究离散市场成长起来的浙系房企,它们的路径选择、架构、制度和实践,本身就是非常有价值的资料。

易居企业集团·克而瑞在浙江深耕十余载,和大量的浙系房企合作,不仅是同行者和合作伙伴,更是观察者和记录者。前段时间,我们与十余家领先的浙系房企掌门人进行深度交流,力图穿过数字和现象表层,深入挖掘这些企业的运营策略和思考、创新。

·在与绿城中国行政总裁、大连市原副市长张亚东的交流中,我们看到的是绿城站在国家政策的高度对企业未来核心竞争力的布局和安排,对轻资产运营的规划和实践等。

·与滨江集团董事长戚金兴的交流,为我们提供了一种在一个区域内密集投放资源、提升利润的"雁型布局"新思路。

·在和祥生赵红卫总裁的交流中,我们看到了将根据地深耕做到极致的一套择城、择地、择项目、择人才的策略,而这种策略脱胎于特定的快速扩大规模的路径之中。

·与佳源集团董事长沈玉兴的交流中,他阐述的跨国界的城市价值等高线理论、跨行业的多元经营和金融利用、基于未来的投资布局安排、穿越周期的人才培养,都令我们敬佩不已。

·在和中梁黄春雷总裁的交流中,我们看到的是一种靠资金和人才杠杆、靠管理带动效率的快速扩张模式。在房地产金融属性越来越强的今天,中梁的人才观、费用观、周期观值得借鉴、学习。

·在和华鸿嘉信董事长李金枢、德信总裁费忠敏的交流中,我们看到了把下行期当成机会,在"泡沫型"城市实施逆势布局、差异化竞争的"弯道超车"打法。

·在和中天卢国豪、大家赵炎林、荣安王久芳、天阳蔡学伦等几位董事长的交流中，他们表现出来的对品质的内在制度安排以及适合自身发展路径、实事求是的思考和实践，让我们受益匪浅。

·和绿城管理董事长李军交流时，他对代建做了全面的诠释，对代建的反周期运作、拓展空间、未来的盈利机会给予了深刻论述。作为轻资产模式的领军者，绿城管理的思考和实践会给行业轻资产运作、垂直产业链拓展带来更落地的启示。

每一家企业的崛起都有其独门招式，这些将在本书中逐一为读者呈现。

我们通过深入研究和访谈，发现了浙系房企身上的一些共性，与它们生于斯长于斯的浙江不无关系。本文用数万字篇幅，阐述浙系房企在鲜明的地域文化中形成的"性格特征"，以及对它们在行为、决策上的影响，对它们在全国、全行业范围内脱颖而出的助力，对它们在新时期提出的新挑战、新命题。这些不仅是对浙系房企上一个阶段的总结，也是对即将到来的行业新时期的一种生存之道的探讨。

一、品质浙企、共赢浙企、创新浙企

我们将这一轮崛起的浙系房企表现出来的性格特征概括为三个——"品质浙企""共赢浙企""创新浙企"。

（一）品质浙企

先讲两个小故事。

杭州某市中心豪宅项目，是2010年行业低潮期时拿的地，且已临近春节。项目负责人带着团队在周围两公里挨家挨户送春联，同时了解大家对居住环境有什么要求，对这个区域和这块地有什么看法。几个人在春节期间走访了上百户家庭。这个项目打造出来以后，不仅挖掘出了区域中的深厚文脉，而且在产品方面、细节方面融入了周边居民的很多需求。对需求的尊重、对品质的考究，换来了非常好的回馈——这么一个豪宅项目，在行业低潮期，80%的客户来自方圆两公里范围内。一方面我们看到了对客户需求的重视换来的丰硕成果，另一方面也感受到了浙江雄厚的民间购买能力。

在和一家浙江房企总裁交流时，我们问到为什么没有进行海外扩张。他深思后唯一提到的是，对其他国家的风土人情、居住习惯、建筑理念和规划政策了解有限，无法形成健全的产品线，因此会安排团队研究产品和政策环境，做出符合当地市场的好产品，一旦进去就是高端品牌、良好产品和长期扎根，不会"快进快出"做零星项目。

这样的故事在浙江行业内有很多，对品质的重视、对客户需求的关注，形成了行业独特的价值观，每个企业家都在遵守，每个职业经理人都在敬畏，每个消费者都认为本应如此。而形成这些，缘于浙江独特的"商人文化"和"消费自信"。

怎么理解这一点呢？浙江的商业氛围非常浓郁，"商人思维"主导着很多消费理念，比如成本、圈层品牌。一方面，商人自己做买卖，对成本特别敏感，当他们作为消费者时，更认同成本投入高、材料用得好的产品，并且愿意为更高的价格买单。而噱头、概念往往不受欢迎，甚至适得其反。另一方面，商人拥有固定的圈层，圈层中的口碑是他们判断品质的一个标准，因此口碑项目、明星项目、高利润项目往往是重合的。

所以，具备"消费自信"的客户群体倒逼供应方生产品质更好的产品，营造更好的品牌形象，从而收获更多的规模、利润和商誉。

由此就不难理解为什么整个浙系房企都注重关注客户需求、品质至上的共同特质，尤其是杭州的龙头企业，像绿城、滨江等打造的精致住品，让杭州成为全国品质城市的代表，也成为倒逼开发商拿出品质才能立足的一个城市。

消费文化的稳定，倒逼"品质浙企"的成型。而企业在发展过程中不断形成和完善的架构、供应商体系、商业伦理、制度等，则是品质得以长期坚守下来、并更好地发扬传承的重要保障。

1.扁平化的组织架构

相较于其他企业的四级组织架构，浙系房企多采取两级半的组织架构——集团—城市公司—项目公司。总部主导规划设计，但会进行一定的下沉，城市总在项目定位、产品设计、成本投入上也拥有较大的话语权、建议权。此外，下游的项目公司直接接触客户，将客户需求"短线"反馈到城市总。这样一来，城市公司既能对前期设计、过程控制、随发的节点调整产生积极的促进作用，又能贴近市场和消费群体，更多地融入客户需求。这种扁平化的组织架构，强化了城市公司的作用，对于确保品质是非常有益的。

在大量的开发项目当中，规划设计主导权由集团主控，方案审批流程冗长且反复，报批报建人员级别过低、决定权过小，都是司空见惯的事。而在总体节点严控的行业"跟投"大背景下，压缩时间大量赶工，就一定会有质量隐患。

由此我们有一个思考：未来高周转、广布局的企业，是不是可以更多地采用"大区域、多城市"的组织架构——区域主控投资，放宽视野，高能级作战，在更大范围内捕捉更多的投资机会；而城市做实产品设计、销售和服务，以更大的权限、"不下牌桌"，做好产品品质，做好城市深耕。

2.价值观一致的稳定团队及用人导向

浙系房企强调品质为上，强调客户至上，强调长期经营，在这种正向的价值观左右下，浙系房企普遍形成了一种着眼长期合作、越做越好的理念。企业家讲究人情化管理，核心团队稳定且温和，员工的认同感、信赖感都很强。比如滨江，算上项目团队，一年离职不到10人；比如佳源，有一大批随企业发展成长起来的"十几年的老员工"高管；比如建设起家的中天房产，拥有浓郁的家庭文化。

这种团队风格，容易形成对公司价值观、产品体系、老板理念的高度认同、快速执行力，且有着非常高的违规成本。而这一点对企业快速扩张、项目的品质保障具有举足轻重的作用。我们看到很多快速扩张的浙系房企在用人上，选择将对企业价值和产品体系熟悉的老员工用于对外扩张、在新城市快速落位，而让梯度培养的人才和新人在深耕的大本营学习、考察、成长。而在2018年出现建筑安全和质量滑坡事故的企业，无一不是在陌生城市启用陌生团队的结果。

此外，浙系房企的用人导向，其实也为品质提供了保障。很多城市总、项目总都来自设计和工程条线，他们是对品质有很强的敏感度的一批人。这种选人用人的标准是一个信号，让具备品质思维的人站在决策的第一线上。

3.稳定的供应商体系及"供应商杠杆"

浙系房企由于奉行区域深耕，与上下游的供应商形成了长期稳定的合作关系，采购量大、成本可控，且付款及时、操作透明，既提升了利润，又能确保品质。即便在高周转运行下，也能较大程度地保障施工建筑环节的质量和安全。近几年，浙系房企运用股权杠杆，将优质供应商纳入自己的分配体系，这种紧密合作关系对合作共赢更加有利。

4.半标准化的理念

很多快速发展的企业，比如像碧桂园、恒大，它们的标准化是一套严格的可复制标准，从规划设计、园林景观到精装修风格、售楼处式样等，都整齐划一，一个项目可以从A城市原样复制到B城市。而浙系房企普遍采取"半标准化"——在地基、外墙、防水等容易出问题的"硬性"节点上实行统一标准，避免出错；但在小区规划、公共空间、房型设计、园林景观等方面是"一项目一设计"，最大限度地体现区域客户的需求和品质。浙系企业的"半标准化"初衷不是速度，而是避免出错，更能打造出满足客户需求、改善实际状况的因地制宜的产品，是以品质为先的做法。

在这里，我们把"注重品质"作为一个现象来解读它背后深层的逻辑，但更为重要的是，行业的消费生态在发生变化，企业的定位和使命也在发生变化。

我们国家在经历了近二十年的刚需释放之后，已不可逆转地进入改善时代、"消费自信"时代。和具有"商人思维"的消费者一样，现在和未来的购房消费者，对成本投入、圈层口碑、需求满足的要求会越来越高，对品质的需求会越来越实际。如果说高周转是开发企业不得不面对的，那么不以品质为前提的高周转是把握不住这批利润型客户的，是没有未来的。

另外，大量的企业都在冲千亿，甚至万亿，但这个行业规模真的是国家所需要的吗？难道行业还需要更多的千亿、高负债房企吗？或许，企业应该在标准化、产业化、智能化、科技化等方面做更多的探索和实践，满足新客户、新需求，同时孵化更多的关联企业，推动关联行业产业化和技术升级。或许这才是国家对责任型房企、品牌型房企和整个行业的殷殷期望。

（二）共赢浙企

1931年宁波人宋汉章创立中国保险公司，资本额是250万银元。当年就接到了一个"运气不好"的单子——荣毅仁家族为一个纺纱厂投了意外保险，很不幸，纺纱厂发生了火灾，宋汉章要赔偿200万银元，"十赔九不足"，公司可能要破产，怎么办，赔不赔？宋汉章咬牙赔了出来。后来荣氏家族登报感谢，本来期望赔一半就不错了，结果是全赔，而且速度很快。

宋汉章的这种诚信精神和魄力，依然存在于今天的浙江商人身上。

本人在浙江十余年，能深刻地感受到"注重品质、合理利润、长期合作、越做越大"的氛围，并把它奉为座右铭。这种互帮互助、着眼长期，追求共同发展、合作共赢的例子，还有很多。

·2010年克而瑞和绿城集团达成了一项年度合作，约定合同签订后5日内付款。由于客观原因晚了一天支付，这次合作的主要对接人、财务人员都亲自电话致歉。相较于业内司空见惯的拖欠款项动辄一年甚至更长时间，绿城的做法让我们颇受触动。

·天阳地产董事长蔡学伦向我们提到，天阳致力于提升精装修率，但不能一步到位，需要循序渐进，因为合作单位每年能执行的精装修量有一定限度，"要适当放慢速度，等待合作方的生产能力成长"。

·一家著名金融企业负责人与我提及，和中天房产第一次股权合作时，很担心以建设为主业的公司会转移利润，不好控制。但在合作过程中发现对方非常诚信，所有操作、成本、账目都是透明的、干干净净的。这次合作之后，他们主动扩大了和中天房产的合作。

·和杭州某区域龙头企业的董事长交流时，他提到佳源在其最困难时伸手援助，十几年的合作共赢非常融洽。如果佳源遇到困难，他愿意用全部身家去资助。

·2011年绿城遭遇现金流危机时，杭州绿城桃花源的业主自发筹集10多亿，帮助绿城渡过难关。这与交房后业主和开发商经常对立的现实形成了太鲜明的对照。

…………

浙江商人之间的这种互助互利、共同发展的心态，缘于浙江独特的"块状经济"模式。

"块状经济"模式，即"一镇一品、一乡一业"，每个区域有一个核心产业，围绕这个核心产业，在较小的半径中形成密集的产业链分工和协作。这种体系紧密协作，每个环节都要为其他环节负责；这种体系共荣共生，往往不可能有严密的制度和法律来约束，而是依靠诚信和契约；这种体系互帮互助，在资金、生意方面互相支持颇多，也往往"一荣俱荣，一损俱损"——在这种土壤中成长起来的企业群体，就形成了鲜明的特征，而本轮周期当中体现最明显的就是"共赢"。

　　过去几年，浙江企业快速崛起的一个重要因素，就是利用股权融资带来资本金的放大和土地货值的放大，从而在上行周期中形成了快速增长的营业额和利润。比如，专业开发商向有资金或资源优势的合作伙伴、制造业企业，甚至私人出让一部分股权，引入资金和资源；一些本地小开发商通过放开股权引入品牌房企，提升操盘能力和品牌能力；一些有土地资源或存量资产的非房地产企业和政府单位，在不具备开发资质的情况下，通过股权引入开发企业。

　　股权融资比债权融资更加昂贵，浙系房企采取这种融资方式不仅仅是诚信、共赢的商业体系中的一种高效筹资模式，也是在"去杠杆""严控表外融资"的中期背景下，必须要面对的融资、发展模式，不论开发企业是否愿意。

　　同时，这种融资模式和发展模式也倒逼企业完善公司治理结构，构建透明的决策流程和职业经理人体系，提升企业的投资能力、运维能力和品牌能力。

　　由此可见，本轮浙系房企的崛起只是预演，更大的发展还在之后的进程中。因为这种崛起不是一家企业的崛起，而是整个供应链的崛起，也是整个区域资本的崛起，更是催动内部优化改革的崛起。

　　在浙系房企当中，我们观察到一家企业对共赢进行了很好的诠释，这也会是区域房企与外来房企互补的典范：大家房产在城区范围中取得优质用地，在解决学区配套，完成项目规划设计和灰空间利用之后，出让过半股权给予全国性品牌房企，尤其是以营销见长的，例如万科、融创，获取丰厚的股权收益。这种共赢的思路，可以让企业取长补短，快速开发，共同获益。

（三）创新浙企

推动行业每一轮上台阶的动力，除了政府的政策、货币的超发，其实就是行业发展模式的创新。对房地产企业而言，创新更是推动企业发展、推动商业模式升级的动力。每一个周期都会有明星企业脱颖而出，它们之所以能在某个时间点上实现快速增长，无不是因为在创新上有着过人之处。

我们认为，房地产出现过或正在经历三种模式的创新。

获取
优质客户群
的创新

〉

获取
低成本土地
的创新

〉

获取
稳定资金
的创新

图1 房企三种创新模式

1.获取更优质客户群的创新

2000年前后，一批来自香港和东南亚的开发商取得了较大的市场认同和溢价能力，像新鸿基、九龙仓、长江实业，它们筛选了一批有着海外背景、崇尚海外生活方式的优质客户，带给他们类似国外的建筑风格、外立面、仪式感等。不同于内地单一的"筒子楼"，它们满足了我国进入商品房消费时代后，人们对审美、居住氛围提升的要求。

2005—2010年期间，星河湾、仁恒等开发商名噪一时，它们筛选了一批财富快速增长的企业家，为这些客户提供奢华的装修、精致的细节、豪华的会所，以及圈层的营造等，满足了富豪阶层对奢华社区、交互圈层的需求和遐想。

　　而贯穿于本世纪的十余年，万科、金地这些企业获得了持续的发展，它们筛选的客户是中青年白领，梯次满足这些人的首置、改善、再改需求，在社区实用性配套、物业服务、集约房型、附赠空间、精工装修等方面做了大量的创新和积淀。这类客户数量巨大，随着他们的支付能力越来越强，立足于此的企业获得了很大的成长空间，例如万科长期保持了行业第一的地位。

　　在万科等企业立足中青年白领、深耕一、二线城市的过程中，三、四线城市由于每类优质客户的数量均有限，再加上供应不规范，因此除了碧桂园、恒大聚焦于此，其他企业涉足较少。但本轮周期中，土地供应缩量、量入为出为导火索，三、四线城市的改善时代也来了，出现了一批企业，像中梁、祥生、中南等，它们凭借在二线城市成熟的产品能力、品牌塑造、营销能力，迅速切入一个个陌生的市场，捕捉到了一批改善客户，实现了快速成长。

　　因此，筛选核心客户，并且围绕核心客户构筑产品力、品牌力和综合运营能力等的一系列创新，从而获取溢价，就构成了行业第一轮的创新动力。这种创新挖掘了溢价，贡献了利润，提升了规模。

2.获取低成本土地的创新

　　进入2010年之后，行业中比较引人注目的黑马就是华夏幸福，它通过为地方政府提供产业新区整体开发、招商引资、进行一级开发的模式，提前锁定大体量用地，持续开发销售，获取了巨大的土地红利和规模增长。正如宣传所说"一个北京城，四个孔雀城"。走出北京之后，华夏幸福利用这种模式，在环上海、环南京、环杭州等区域都获得了发展。

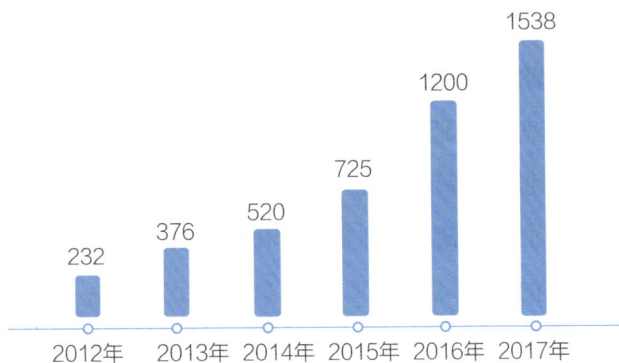

数据来源：克而瑞

图2　华夏幸福发展规模（单位：亿元）

同期，绿地集团通过为地方政府提供超高层建造、高铁新区、地铁建设、城市接壤区域开发等服务，在满足政府诉求的同时，低价锁定较大体量的土地，从而获取了稳定的流量和持续的利润，一度成为行业第二名。不过由于超高层的投入过大，且非地方政府的刚需，因此锁定大体量土地的效果弱于华夏幸福。同时随着土地出让主导权越来越上移、土地供应缩量，获取大体量土地的难度变大，落地性变差，因此此类企业业绩出现了一定程度的波动。

再比如曾经的万达三代综合体、万达文旅城，现在的恒大童世界、恒大文旅城……这些都是通过整合资源，满足政府诉求，以长期发展来锁定更多、更廉价土地的创新模式，都在一定时期推动了相应企业的规模增长和利润兑现。

3.获取稳定资金的创新

如果说第一阶段的创新立足于筛选客户、挖掘溢价，第二阶段的创新立足于满足政府、低价锁定土地，那么下一阶段这个行业的创新一定会在如何获取稳定资本方面。原因在于行业大的背景发生了变化。

第一，降低企业端负债、控制行业风险已经成为国家政策导向，行业将进入"脉冲型去杠杆"的中期过程，负债率降低、违规融资严控。企业如果想获得更大的发展，就需要资产注入、资产抵押、资本市场融资或股权融资。如刘鹤副总理所言，"做生意是要有本的，借钱是要还的"。这些都对企业获取资金的能力提出了更高的要求。

第二，行业越来越透明，市场化程度越来越高。企业要做大规模，必须获取足够的货值。要么多拿地，要么拿好地，不论什么方式，都需要稳定、低成本、及时的资金支持。

第三，不得不面对的现实是，一线城市房地产受到较大抑制，二线城市土地价格高企，品牌和流量价值更大，利润价值有限。目前三、四线及以下的城市成交量占全国的比例已经达到70%，投资额也接近70%，而这些城市很多都无法获取银行的信贷支持。因此如果要在这些城市获得发展，就必须有与之相匹配的融资工具。

显然，在企业负债率超过预警线、穿透式检查不断深化的背景下，单纯依靠多轮加杠杆获得发展资金不仅不可能，而且风险会越来越大。因此，运用多元化的金融工具，获取能对冲金融紧缩的稳定的资本金，是新时期企业要解决的问题。尤其在行业上行期加大资金投入，企业能够收割巨大的周期红利。而浙系房企在平台化、金融化上的做法，可以说是获取稳定资金的一个创新。

最典型的是中梁、祥生对股权融资的运用。它们通过开放项目的股权，引入外部企业的资金，包括国有企业、制造业企业、其他房地产企业、金融企业、自己的供应商，还有通过"跟投"等股权激励的形式，将员工纳入利益分配体系。这时候，开发商获得了更大的资金池子，从而可以撬动更多的项目；同时，通过利益绑定，开发商能调动上下游资源方、员工，更高效地推动项目进展，提高项目的运营效率。

在制度性解决发展"资金"的同时，这些开发企业也从原来狭义的开发商，转变成资源的整合者、品牌的营造者、游戏规则的制定者，最终带来"钱、地、人"的快速聚集，实现企业的快速发展。

随着行业进入调整期，股权融资模式将面临一次"大考"，倒逼企业进行制度建设和体系提升。

第一是优化制度，包括资金进出规则、结算分配的规则、风险控制措施、关联企业运作透明化、产品系列标准化的规则等。

第二是增强发展的可持续性。比如祥生实施城市深耕战略，根据地市占率不低于30%，一方面可以用较低的成本持续获取土地，一方面可以通过长期深耕产生品牌溢价。

另外，祥生在构筑企业激励制度时，强化节点奖励，弱化利润奖励，既能最大限度避免因波峰波谷带来的奖励落差过大而导致的团队戾气过重、人员不稳定，又能树立长期发展的用人考核体制。

第三是提高利润率，确保股东收益。比如祥生倾向于拿容积率在1.5左右的项目，可以做改善和创新的项目，利润相对比较高。

第四是提高关联行业竞争力，塑造品牌。比如完善客户服务体系，提升物业服务质量，加大轻资产运营能力，并且积极进行企业品牌的梳理和升维运作，使整个企业形成更强的综合竞争能力和行业口碑。

第五是加强组织架构优化和人才梯队建设。近期一些浙系房企对组织架构和授权体系进行了优化，招募更多的优质职业经理人进入体系，提高专业化和规范化，为更好的发展储备力量。

如果说企业的规模化是不可逆转的趋势，那么股权融资也将是"开弓没有回头箭"。浙系房企不仅具有先发优势，而且在平台化的过程中积淀了大量的制度性优势。我们相信这种优势会为它们未来更快、更健康的发展贡献颇多。

除了股权融资和平台化建设方面的创新外，浙系房企还在轻资产运营模式、实事求是的地域布局等方面，有诸多创新实践。

4.代建——轻资产模式的创新

作为轻资产运作模式，代建不需要购置土地和支付相关开发费用，而是依托企业的综合开发能力、团队、资源和品牌等，为"手上有地"的委托方提供服务。这个委托方除了操盘能力不足的中小开发商，还包括"有地"但没有开发资质的政府、金融机构甚至是个人，以及有存量资产升级改造需求的企业等。因此，代建模式不仅摆脱了土地的"重"，还能为企业带来大量的项目机会，发展规模。

代建模式具有几个鲜明的优势：提升企业运营杠杆；加速企业布局；利润较高；可以有效对冲周期，起到"削峰填谷"的作用；介入更多的垂直领域。

以国内代建行业的龙头企业——绿城管理集团的实践来看，以绿城产品、绿城标准、综合运营能力、品牌，为委托方赋能。截至目前，受委托的项目近300个，有4000多亿的货值储备。尤其在2018年，大量价格快速上涨的单核城市的地方平台公司委托代建，都市圈红利城市的中小企业委托代建，极大地确保了绿城的业绩持续高速增长和较高的利润水半。

而行业下行期往往是代建扩张最佳的时期。不论是在业绩流量上，还是在人员使用上，代建都对传统开发模式形成反周期，可以很好地起到削峰填谷的作用。

　　绿城中国一直有志于"打造中国真正意义上的第一家专业开发商"，实现投资和开发建设分离，减小金融和行业调整带给企业的冲击，实现业绩、利润、资本持续稳定增长。目前绿城管理除了巨量的货值储备、持续新增的合作需求之外，还不断地融合金融资源，为委托方增信，以便获取更加优惠的金融支持。除此之外，绿城管理还对外输出代建行业标准，集成更多优质供应商，甚至入股部分优质供应商，谋取企业更加多元化的增长和后续的资本化。

　　绿城管理集团和易居沃顿联合成立的"房地产轻资产开发高级研修班"，一起输出标准，培养行业高级人才。

图3　房地产轻资产开发高级研修班

　　绿城管理持续多年在轻资产开发模式上的创新实践，为这个新兴的行业提供了样本级的参考。浙系房企中，依托产品和品牌优势，例如滨江、德信、大家、中梁等，也都在代建领域有所布局。

　　我们认为，随着行业调整期项目开发的减少和不同城市周期性的波动，实力型企业会在小股操盘、代建领域有更多的实践，以盘活团队，加大布局，提升运营杠杆。

其中，像中天房产这种具备独特优势的企业，可能在代建领域会有更多的想象空间和发展潜力。中天房产的母公司中天建设集团是国内领先的民营建筑公司，不仅有工程、设计、施工、监理的完整流程、规章制度和成本控制体系，而且拥有完备的行业资源和上下游产业链。各个地方的项目负责人，实际上都是在当地对资源、人脉掌握度非常高的人。这类企业如果能在投资领域建立体系、在品牌方面强化自己的标签，那么在房地产行业分工的过程中，在高周转、供应链金融的诸多背景下，会有更多轻资产运作的空间和机会。

5.布局模式的创新

国家对城市发展一直奉行"以地控人"的思路，因此省会城市和重点二、三线城市，土地不足、人口增长。拥有这种硬性的"托底"，这类城市房地产风险小、收益高，是兵家必争之地。而人口300万以下的三、四、五线城市，土地充裕、人口增量不足，因此"空城""鬼城"频出，加上土地出让不规范，导致资产价格长期压制，所以很多企业一直规避这类城市。在2015年之前的投资布局"优等生"是融创、龙湖，布局了跨度很大的省会城市，单项目产出、单城市产出均高，三费控制好，城市周期错位。

但从2017年开始，行业的底层逻辑发生了变化——建设用地供应量持续缩减，"以地控人"和"人地匹配"相结合，所以"有保有收""域内平衡""量入为出"成为三个鲜明的特征。以三、四、五线城市为例，根据人口数量决定土地供给，"量入为出"地确保行业对地方财政的持续支持作用。另外，不同城市的驱动因素和财政政策的差异性越来越大，不同城市，乃至同一个区域内的不同类别城市，也会存在不同的市场周期和发展曲线。

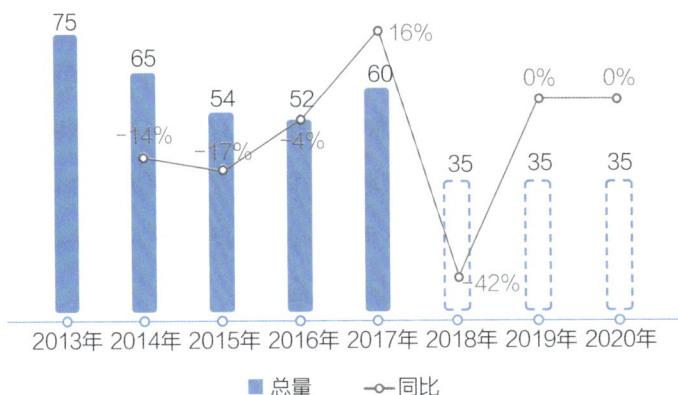

图4 全国供地情况（单位：万公顷）

因此我们认为，在一个较小的半径内加大布局密度，奉行独立自主的区域深耕，是下一个周期中企业的战略投资布局趋势之一。在都市圈和拥有战略核心城市的区域是投资布局的首选，密集进入改善的区域和省份是投资布局的次选。而且我们认为无需过多考虑周期对冲的事宜，因为一个区域内不同类型和级别的城市，本身就会形成周期的对冲和错位。

通过在一个区域内密集投放资源、利用同一个供应链，既能降低风险，又能提高周转效率、提升利润率——在核心城市综合开发，获取更多的货值储备和利润。例如村级留用地、城市旧改、一级开发、大盘运作、小镇、联合开发、代建等；在根据地城市获取大宗项目、合作开发、长期深耕。"货如轮转"，确保持续的市场主导权；在辐射城市奉行轮耕政策，高周转、有利润、低风险，补充营业收入。

在浙江，由于地缘和"块状经济"分布，形成了多个"均好型"城市。杭州的集聚度和首位度很高,目前在积极发展杭州都市圈;浙江北侧接壤上海,位于上海都市圈的第一疏散圈层等。因此,不落窠臼、不受制于金融行业现有的评价体系、因地制宜地进行布局,确保有质量的增长,才是正道。而浙系房企中滨江集团的"雁型布局"模式,就是因地制宜、独立思考的典型体现。

滨江的"雁型布局",是依托一个核心城市——杭州作为大本营,作为"雁首",在300公里范围内深耕若干个根据地城市作为"雁身",围绕大本营和深耕城市进行轮耕、或灵活捕捉机会进入的城市,作为"雁尾"。

"雁首"城市贡献营业额和较高利润,输出标准和人才,进行创新和资源整合;"雁身"城市贡献稳定增长的营业额和利润,少量进行创新;"雁尾"城市利用现有产品、团队、品牌,扩大营业额和市场份额。

· "雁首"城市——流量型项目、持有型项目、联合操盘、代建扩大市场占有率和品牌的影响力;对村级留用地、旧改、一级开发、长租公寓、养老地产均可涉猎,进行创新的试点和实践;对于产品线研发落地、流程和标准化优化、人次梯队培养等在大本营不断实践,并加快输出。

· "雁身"城市——选择都市圈外溢城市、人口300万以上、可以持续深耕的城市,比如宁波、温州、平湖等。优先较大的土地获取红利,其次布局核心区域和具备容积率优势的项目。货如轮转,持续提高营业额和市场占有率、品牌美誉度。根据当地的客观环境,进行部分创新和实践。

· "雁尾"城市——布局经济实力较强的城市,或跟随项目进入的城市,例如义乌、奉化、瑞安、金华等。流量好、利润可观,快速周转,对持续开发不做强制要求,但要确保优秀的品质和良好的口碑。

以滨江目前"雁型布局"的实践和业绩来看,成绩斐然,其2015年到2018年年均复合增长率为62%。因此在一个较小的范围内产出700亿—800亿元，货值补充稳定且成本可控，供应商和管理体系扁平化，品质品牌有保障，利润高，现金充裕，经营风险很小。目前伴随着行业的调整，滨江一方面在大本营和深耕城市游刃有余，加速回款，另一方面积极在布局范围内补充价格合理的土地，掌控力较强。

所以一个"雁型布局"可以达到的产出规模和利润效能是非常强的，而且形成的核心竞争力和抵御周期调整的能力也很强。在此基础上，再去布局第二个、第三个"雁型"区域，企业的规模将获得倍速增长。目前滨江集团不断在布局、挖掘新的"明星"城市和区域，例如南京、郑州、武汉等，通过合作、城市旧改等切入、落地。

显然，在小范围中密集布局是一种新的尝试，尤其是在城市周期主导的大背景下。国家对于行业底层管控逻辑的调整和区域、城市出现的新趋势，都在呼唤新的布局模式和独立的思考实践。

浙系房企近些年在布局模式当中所做的思考和尝试还有不少。例如佳源房产一直以"城市价格等高线"作为思考的原点，站在产业链分布转移、发展门槛的角度上，积极布局越南、柬埔寨等东南亚国家，在河内、金边均有大量优质土地储备。易居企业集团也于2017年成立越南公司，为布局东南亚的企业提供全产业链的服务，业务增长迅速，大量客户来自浙系房企。

图5　2018年10月，佳源国际签订投资河内市合作备忘录

图6　2018年6月，易居越南公司成立

　　另外，企业为了追求规模增长，大部分采取"离散布局"＋"高周转"的运行模式。上行周期问题不大，一旦遇到周期调整，新城市、新项目的回款受阻就会严重影响企业的现金流和对投资时机的把握。因此，对于高周转的企业，配置一定比例的大型项目作为"压舱石"至关重要。在这一点上，浙系企业中天房产一直保持15%左右的投资比例用于大型项目的储备，布局在省会城市，不仅可以享受较大的土地增值红利，对于企业的平稳运营也是积极的保障，值得高周转类企业借鉴。

　　除了以上三类创新之外，浙系房企在小镇运作、地铁上盖、长租公寓、村级留用地、创新科研用地等方面，都进行了很多扎实的探索和实践。例如绿城中国新的组织架构当中，小镇集团、杨柳郡集团（专注地铁上盖）均为集团直属的一级集团。

正如篇首所说的，创新是行业进步、企业弯道超车的第一推动力。浙系房企在过去几年的低调实践、独立思考，不仅为下一轮周期中更快的增长奠定了基础，更是一种态度和趋势——新的浙系房企正在杭州至乃浙江这片新经济和新人才双轮驱动的信息创新、金融创新浪潮中，汲取养分，奋力向前。

品质，是浙系房企的价值观，也是行业的"高度"，更是浙系房企的标签和"历史的殊荣"。我们希望浙系房企对于品质的坚守和制度化保障，可以作为行业高周转的重要对冲政策。这也是我们撰写本书的一个初衷。

共赢，是浙系房企的营商哲学，也是行业的"趋势"，更是浙系房企的商业文化和"现在的动力"。我们相信，基于合作共赢，活跃的浙江资本会助推企业更快发展，倒逼企业更好革新，为新一轮发展注入强大的动力。本轮周期只是序幕。

创新，是浙系房企对未来的思考，也是行业变革的"响应"，更是浙系房企的企图心和"未来的超越"。我们相信它们在金融、平台、轻资产、布局、小镇、地铁上盖等领域的实践，代表着行业新的方向、新的可能。

品质、共赢、创新，这三个根植于浙江企业身上的优秀基因，是浙系房企敬畏客户、敬畏未来、敬畏趋势的产物，也是支撑企业穿越周期构筑核心竞争力的动力源泉。我们相信也衷心期待浙企房企更加稳健、持续地成长！

二、"路径依赖"和新周期新逻辑下的浙企改革之路

浙系房企身上鲜明的优点源于浙江的地域特色，但同时也使企业呈现出明显的"路径依赖"。

第一，制造业思维为主导。在房地产金融属性越来越强的今天，对周期、对金融、对信息应有全新的应对。

第二，"块状经济"下的熟人链条痕迹明显。投资合作模式、平衡的人才体系构建、制度建设和运用都需要完善。

第三，基于第一轮全国化失败的阴影仍存。在新周期、新逻辑下，亟须抓住"天时"，利用"地利"，构建"人和"，开启全新的密集布局或二次"全国化"。

（一）突破制造业思维，强化对周期、金融杠杆的运用

房地产的基本形态是制造业，但房地产最重要的利润来源并不在制造环节，最大的成本也不在制造环节。不可否认，它的金融属性越来越强，不再仅是围绕建筑施工这一单一链条，它看的是企业在品质、周期应对、人才和信息、金融能力、制度建设等等方面的综合发展力。因此，房地产需要制造业思维，但更加需要金融思维。

很多浙系房企仍停留在用制造业思维引导企业运行的阶段。从它们对周期的把握较弱、对金融杠杆运用不足这两点，可以明显看出。

1.房地产周期多变，应加强信息建设、把握周期

相较于制造业，房地产行业的周期变动比较频繁，调整时间比较

短，而且伴随着明显的政策痕迹。浙系房企往往在品质上雕琢过深，拉长了销售回款周期，在周期上行期回款不足，也没有使用金融杠杆来扩大土地储备。往往在周期接近顶部时完成了明星项目的营造，也获取了较多土地，但也迎来了下行期——价格下跌、资产缩表、内部分歧都耗费了企业家大量的心力，乃至影响到对下个周期的决心和信心。

比如浙系房企上一阶段发展缓慢，很大一部分原因是由于没能把握准周期而造成投资决策失误，拖缓发展步伐。在2005年走出浙江布局，刚好是行业的低潮期，房价低、地方规则不够规范，企业走出去痛苦不堪。2010年前后它们折回浙江，又碰上了浙江长达五六年的调整期，杭州、宁波、温州这些主要城市的流量也受到了打击。结果是，浙系房企整体发展缓慢，一些颇有实力的企业甚至选择了退出，像南都、郡原被收购，莱茵达、广宇被迫转型。而在2013年行业上升期时，发力全国布局的闽系房企则实现了快速崛起。

反思浙系房企扩张失败的这段历史，不仅存在扩张路径的问题，也存在大本营调整过长的问题。但对于周期的重视不够、把握不足以及反应迟缓，是需要深思和制度性纠偏的。

在因城施策的大背景下，行业周期叠加城市周期更加复杂，不同的财政政策会在2019年更强地影响不同区域的发展，因此浙系企业亟须建立前瞻的"智力中枢"和完善的"信息体系"，优化企业的决策体系。

例如，恒大1500万年薪聘请海通证券首席经济学家任泽平，并成立恒大研究院，对宏观形势、国家政策、城市群发展、行业周期等进行前瞻研究。在过去几年，恒大地产不论是2014年在全国范围内实行首付分期、尾房折扣来加速回款，还是2016年在48天内拿100宗地的激进扩张，还是2017年中股权融资1300亿元，优化股东结构、置换永续债、提早一年开始去杠杆……都显示了其强悍的周期把握能力。市值增长、债券利率走低，都是看好恒大的说明。

例如，碧桂园以一千多个项目扎根广大的四、五、六线城市。由于地域分散且数据不透明，企业异常关注微观市场的变化以及区域竞争项目"拿地后开盘前"的信息，因此一个个销售中心高配人员，每天进行信息搜集，再通过信息系统进行全面汇总、统计和分析，确保项目、城市、区域、集团可以随时掌握真实的数据，把握市场脉动，做出下一步安排。

在本轮周期开始调整之后，我们也看到很多企业开始"区域小型化"，并进行相应的职权调整；企业信息化建设提速，集团核心领导高配牵头；成立研究院、战略研究中心，对城市、产品、客户进行长期系统的研究……

周期对于房地产企业而言，具有举足轻重的作用，尤其是对资金充裕、负债偏低、融资便利的浙系房企。但这些企业也亟须同步优化决策体制、建立 "战略大脑"和有效信息获取的体系、构建优质人才信息发展的转换平台。在正文中，中梁和佳源在这些方面都有上佳的表现，其背后的机制和改变，值得借鉴；德信和华鸿嘉信，都在一个泡沫城市当中，利用下行周期完成了平衡和布局，其思考和经验也值得借鉴。

2.突破稳健，上行期要综合运用金融工具

一般制造业的规模增长速度在5%—10%，而房地产行业的增长速度要快得多（2018年上半年TOP100房企规模同比增长37%，TOP20房企规模同比增长31%）。对于发展较平缓的制造业，靠负债扩大产能会消耗大量的利润，加上价格趋稳，它们对金融工具的使用比较保守。

但是对于规模增长幅度大、资产价格上涨快的房地产行业，如果不利用金融工具在上行期获取更多的土地储备，获取更多的周期红利，就是浪费时机。

例如，恒大、融创和诸多闽系企业均在2016年初加速扩张，核心城市和都市圈是扩张的重点。支撑其扩张的资金包括但不限于银行信贷、夹层融资、公司债、合作方融资、票据融资等多种渠道。行业上行期的销售流速、资产价格上涨、资金宽松，都让这些企业获得了快速发展。

浙系房企普遍奉行稳健的经营哲学，采取"慢半拍"的策略，对于对外扩张异常谨慎，对于负债率、现金流都力求安全，对金融工具的使用也比较单一。我们认为，这种思路制约了浙系房企进一步做大规模，尤其是在股权融资活跃的群体当中。

这一轮崛起的浙系房企，不乏在金融工具的运用上有所突破的。中梁地产就是在2015年三、四线投资布局模型初步成型后，在2016年逐步加大股权融资，加大和金融企业的各种股债融资合作，开放较大比例的职业经理人跟投，实现了每年流量金额翻番、品牌知名度迅速打开。还有佳源，在2014年底收购五星电器，之后依次在港股、A股、澳大利亚实现了不同业务的资本化和上市公司收购，利用上市公司给予的AA＋评级和融资便利条件，在行业处于上升期的2015年和2016年密集收购地产项目，进入更多的二线和强三线城市，获取了充裕的银行信贷融资，实现了企业跨越式地增长。

3.重视资本市场，提高获取支持的能力

浙系房企在A股和港股上市的不到10家，不仅数量少，而且市值普遍不高。对比同等规模的其他企业，浙系房企的市值明显偏低；一些龙

头企业的规模和市值严重失衡，处于被低估的状态。

我们认为造成这一情况的原因有以下几点。

第一，目前行业还处于上升时期，所以资本市场对规模化快速提升的企业比较偏好。而浙系企业在规模化和集聚效应方面明显属于保守派。

第二，浙系房企虽然在一个区域密集布局，利润较高，但这个利润受周期的影响比较大，所以迫切需要通过在不同周期的区域布局，来对冲对利润的影响。

第三，浙系房企普遍在持有资产方面、多元化业务方面上做得比较少，所以资本市场对它们的想象空间比较小。浙系中有一家地产规模不大的企业新湖中宝，涉及地产金融的一些概念和布局，市值反而比较高。

第四，浙系房企过于低调，虽然在区域深耕、轻资产运作、品质策略、产业链延伸等方面均有大量的实践和不错的业绩，但是没有发出自己的声音或进行与之匹配的宣传，因此无法更好地影响资本市场。

结合资本市场的反应，更加印证了浙系房企急需重视资本市场，按照资本市场的标准做出应有的改变：

第一，浙系房企要在能和浙江形成互补的强二线城市或者是单核的核心二、三线城市进行布局实现对冲。

第二，行业的评判风格也会做出改变，目前，在企业规模增长减速之后，企业的安全和负债情况、新的可持续增长模式都会在评判标准上发生改变，浙系房企要顺势而为。

第三，浙系房企要进一步把现有的创新模式形成规模效应和体系化，使浙系房企发出自己独立的声音，创造更大的资本价值。

（二）打破熟人链条，加强制度化建设

在 "块状经济"的路径影响下，浙江企业之间形成了稳定的协作关系，长期合作，信誉可靠，交易成本低，这种体系我们姑且称为"熟人链条"。好处自然不用多言，但也要看到"熟人链条"在企业发展中的制约性，例如扩张局限、组织架构固化、制度化缺失。

首先是扩张局限。熟人协作体系使企业在一个区域内得心应手，但在扩张过程中，隐形阻力往往较大。浙系房企在2000年开始的对外扩张中，往往跟随自己供应链上下游的同乡和兄弟企业进入制造业转移的内陆省份，像安徽、湖南、江西、苏北等地。这些地方城市化滞后、供地超量、投资环境不规范，使这批企业痛苦不堪，丧失了先发优势。而同时期开始全国化布局的粤系房企则是不同的路径，它们跟随当时发展已经较为成熟的香港以及东南亚的开发商，进入大量的省会城市和东南沿海的核心城市，随后十年中，不仅获得了大发展，还建立起完善的职业经理人团队和新的协作体系。此外，闽系房企发展崛起较晚，但其2013年走出福建之后，就坚决地布局战略核心城市和省会城市，开辟第二根据地，快速开始全国化布局，这些都值得浙系企业借鉴。

第二，组织架构固化，对外部人才和信息的吸纳有一定阻碍。我们前面讲到浙系房企的团队稳定性高，这对品质保障、确保企业穿越周期很关键，但也存在人才结构单一、新型人才缺失的问题。尤其是企业面临更复杂的行业环境、更快发展的需求，光靠自己摸索是不够的，需要更新的理念、复合型的人才，需要一定的竞争氛围和优胜劣汰。而引入一些具有金融思维、大视野投资思维、先进管理理念的人才，补充到企业的决策体系中，对企业的帮助是很大的。例如闽系房企，在快速崛起

的过程中，大量猎取行业顶尖人才，甚至不惜搬迁总部来打破原有的协作体系，捕捉更多的金融人才、投资人才、信息人才。

第三，制度构建能力、制度执行能力存在较大不足。熟人之间依靠契约，不太需要制度的制约。但是企业在面对更大的管理半径、更复杂的业务架构时，制度化建设不可或缺。强有力的制度可以通过规则树立行为依据，通过流程提供办事指引，通过考核规范行为。

·制度意味着"强规则"。恒大走向全国后，前前后后起草修订了上万条管理、运营和产品的标准与规则，拥有了一套全国通行的标准模式，才实现健康的井喷式增长。

·制度意味着"高效率"。大家遵从制度办事，遇见各种情况应该怎么操作，无需层层请示，无需等待领导拍板，提高了沟通和决策效率，降低了内部交易成本。

·制度意味着"强复制"。不仅是产品标准化的复制，还包括经营模式、内外部资源、品牌等的复制。尤其是在一个陌生的地方，可以快速按照某些既定动作、既有资源开展工作，人员更多是一个执行实施的角色。比如恒大通过高度的产品标准化，从规划设计、材料供应、工程管理，到销售、交楼的各个环节，快速复制，迅速在全国两百多个城市铺排开来。

·制度意味着"强管理"。像恒大，建立了一套目标计划管理模式，并且对所有指标进行量化。比如对工程进度、开发报建完成率、销售完成率、招投标完成率、交楼完成率、维保修完成率等指标都进行了量化，并根据量化指标实施考核。这种严格的目标导向和节点管控，加上考核，可以让集团快速掌握各个部门、各个地方的工作情况。

·制度意味着"强执行"。粤系的碧桂园和闽系的房企，都通过力度颇大的激励惩罚制度和与之匹配的过程考核、结果考核，奖优罚劣，将公司的阶段性战略、任务落实到位，激发团队的战斗力，使企业得以快速扩张。

制度化建设走在前列的粤系企业，确实在执行效率、全国化布局方面受益颇多。浙系企业需要加强学习。

但我们也看到，强制度化也存在不少问题。比如严格的目标导向会显得"不近人情"，不利于培养忠诚度很高的团队。另外，峰值谷值差距巨大的激励，容易形成员工的利益导向，"共富贵易，共患难难"。这些都可能导致团队戾气过重，忠诚度缺失，无法形成可与企业穿越周期发展的稳定团队。我们认为团队的作用不仅限于高峰时的发展，还有低谷时的坚守。因此，如何借鉴制度化的经验，但把握好人情化的"度"，是浙系房企未来要面对的一个命题。

（三）走出历史扩张阴影，抓住大本营强势崛起，开启真正的"全国化"

与粤系、闽系房企相对激进、对外广撒网式布局不同，浙系房企大多数集中在省内开发（祥生、滨江、德信 2017 年销售货值中，浙江省内所占比例分别在 70%、80%、90%左右；华鸿嘉信在2017 年才走出温州大本营），只有绿城、佳源、中梁在省外的份额相对比较大。

这种布局上的保守与上一轮对外扩张失利的影响不无关系。"逆水行舟，不进则退"。浙系房企要摆脱原来扩张失败的阴影，利用这一轮的发展势能，开始第二次"全国化"步伐是急迫的事情。因为外部环境已经发生了改变。要想获得更大的发展，就要放宽眼界，顺势而为。

第一，土地缩量集约供应，"量入为出"是每个地方政府供应土地的大原则，有人口增加的地方土地加速供应，无人口增加的地方土地集约供应，人口减少的地方缩减供应，房地产进入了一个供应端控制而带来利润稳定、流量稳定的一个新时代。

第二，浙系房企有股权融资的先发优势和民间基础，以及随之不断完善的制度，在下一轮行业上行期，抓住机会就会有快速发展的和巨大的红利。

第三，浙江涌现出的众多明星政治家逐渐走向全国，这也是一个非常有利的天时。

除了这些之外，两个因素也决定了浙系房企对外扩张的必要：

第一，城市周期轮动的要求。核心二线城市及外围、单核心城市（例如昆明、南宁、贵阳、长沙等）未来几年处于单边行情，存在信贷支持、土地规范和资产价格上升的机会，必须加强布局。而浙江缺少这类可以有效对冲周期、拥有较大红利的城市。

第二，浙江大本营得天独厚的优势，支撑企业更好地"走出去"。一方面，广阔的市场空间为它们在省内布局带来雄厚的产出（2017年全省商品房销售额12340亿，占全国近十分之一）。另一方面，浙江多元的投资环境，为它们提供了丰富的打法，为将来在全国不同地方的扩张提供了战术准备。

"七山二水一分田"的地势以及"块状经济"的双重因素，使得整个浙江呈现出的是"多点开花"的市场。多元化市场环境，为浙系房企提供了丰富的实践基地，形成在差异市场的产品线策略、投资打法，构成了企业的核心竞争力，为将来在全国不同地方的扩张打下了坚实的基础。这点或许是全国其他省份不具备的。

浙江有哪几种比较鲜明的市场模式呢？

1."大杭州模式"，即B角城市模式

杭州的建成区面积并不是很大。近几年杭州坚定不移地利用G20峰会和亚运会的红利，实质性地展开了"一江两岸"的布局，市中心朝浙江东南平原的腹地延伸。在市中心重塑的过程中，杭州围绕绕城一线，积极布局城市的第一疏散带，搭建起一个"大杭州"的框架。由此我们预计，沉寂已久的"副城计划"也会在未来的一两年内展开。

另外为了避免出现上海和深圳的"先集中后分散"的问题，杭州第一时间在规划上进行安排，将四条轻轨分别朝海宁、绍兴、临安、富阳延伸，由此形成了三十公里左右的城市第二联动区域。

所以在这种格局中，房地产的发展必须秉承的原则是——在核心区以商务和高端居住为主，在第一疏散带构筑产业新城和刚需新城，在第二联动区域带动都市圈型城市的发展。这样一种丰富的布局格局，为企业发展提供了广阔的平台。类似杭州的B角城市在全国还有南京、武汉、成都、重庆、天津、西安等。

2."萧绍甬模式"，即大区域发展模式

整个浙江省只有两个连片大平原，杭嘉湖平原和萧绍甬平原。但这两个平原的发展是一个选择题，目前只能发展其一。目前，杭嘉湖平原作为浙江粮仓的基调不变，而萧绍甬平原的开发价值被逐渐放大。

·整个浙江省的基本建设指标大量在萧绍甬平原——十三五期间，投资前七名有六个在这里，投资完成率在70%以上的都在这里。

表1　浙江省15个产业集聚区数据

产业集聚区简称	产业目标	
	产值（亿元）	比重（%）
杭州大江东	2250	75
杭州城西科创	5000	95
宁波杭州湾	1700	70
宁波梅山国际物流	2500	95
温州瓯江口	700	70
嘉兴现代服务业	300	40
湖州南太湖	650	45
绍兴滨海	740	50
金华新兴	780	65
衢州绿色	1300	75
舟山海洋	2000	85
台州湾循环经济	1150	70
丽水生态	350	60
义乌商贸服务业	750	75
浙南沿海	430	50

·萧绍甬平原和省内进行大量的土地指标流转，与省外，例如四川省，也在进行大量的土地指标置换。比如绍兴越城区在2017年1月一次性与四川省乐安市置换七千多亩土地指标。

·萧绍甬平原正在加速对高端制造业的招商引资力度、加大对中低劳动力的吸纳力度，未来形成从杭州的滨江、萧山，绵延到绍兴、宁波、梅山岛，乃至舟山的连片区域，那么这一条横向的平原带将成为浙江省先进制造业快速崛起的阵地。在这个范围里，土地红利会进一步释放，开发企业在此布局会收获更多的资源红利、人口红利。

萧绍甬平原新兴产业区的发展也会深层次影响杭州、绍兴、宁波这些城市原有的规划、基建和功能定位，依托规划安排和基建延伸，将会形成一个较大的、持续的价格"剪刀差"红利。

3."宁波模式"，即内生型城市发展转向带来新区域的布局思路

宁波是一个建成区比较紧凑的城市，市中心房价一直高于同级别城市，比如无锡。宁波每年从下属县市吸附大量人口，形成了一个稳定增长的房地产市场。所以在宁波布局的很多企业都在短时间内获得了规模上的明显增长。

而在整个萧绍甬平原连片开发、宁波撤县并区的氛围中，宁波必然会呈现出"朝北连接杭州湾新区、朝南向奉化延伸"的发展态势。下一步轨道交通的扩容，城市的加速发展会形成巨大的红利，来推动这个单核心城市以更加多元化的形式发展。房地产企业可以对照当年的武汉、杭州、南京，来预期宁波的下一个未来。

4."嘉湖模式"，即都市圈离心集聚模式下的布局思路

嘉湖模式实际上是都市圈的离心集聚。嘉兴、湖州处于上海都市圈的南苑，它们和上海之间有40到50公里的农保用地，也就是说隔着几千平方公里的未开发用地。所以嘉兴和湖州注定无法与上海形成一个地理上的强连接。

但是它们会形成一个一个产业聚集区，深层次改变城市的内生动力。像嘉兴，引入了很多科技型小镇，利用高科技园区的点状集聚带动整个城市能级的提升；未来不排除更多科技小镇和园区落户嘉兴，甚至不排除一些知名的大学校区落户嘉兴。同时嘉兴和湖州未来在发展旅游项目、休闲项目、养老项目、医养项目方面，都会有土地指标以及政策上的巨大支持。未来它们将会利用自身形成的产业资源优势，吸附上海更多的相关人口。这是一种变"被动等待"为"主动承接"的思路。而

这种离心积聚模式对标伦敦模式，将是中央政府长期坚持的底层政策，可持续红利巨大。

5. "衢州模式"，即未被透支的区域房地产市场的布局思路

这是在人口负增长城市的一个投资新策略。这种市场典型的特征是，人口基数不大，经济水平一般，土地指标的供给也非常有限，所以整个市场的存量是非常有限的。以衢州为例，目前市区人口是50万左右，房地产年成交量在40万平方米左右，由于新的供给政策，市场上的存量比较少，2018年市区上半年仅二手房就成交了8800套，而且价格和一手房差不多。所以，这样的市场，即使面临周期调整，其幅度和时间也有限，绝对有异于过去十多年的历史经验，因此可以作为持续开发、持续深耕的一个选择。

而这样的城市，如果形成连片的小根据地布局的话，聚沙成塔，可以形成较大的规模效应。在这些离散的城市进行布局，它所形成的供应链、团队、产品线，以及一些打法会更加适用于类似的区域。

广阔的浙江为深耕于此的浙系房企带来巨大的大本营红利，让它们的扩张犹如当年闽系企业一样有一个大后方的保障。同时，浙江范围内模式丰富的多元市场，是企业的战略"福地"，让它们在更多的实践中习得更多技能，积累更多的战术优势。这些让浙系房企未来在全国布局时，能适应各种环境和打法。

正如《枢纽》一书的作者施展所说，"能够征服中原王朝的多是那些出自东北的少数民族，原因在于他们既通晓草原文明又通晓农耕文明"。浙江房地产，亦如此！

没有企业可以引领时代，只有时代选择企业。

企业能做的就是：顺势而为、快速改变。

当住房是少数富裕阶层的商品时，一批擅长做高品质的企业崛起；

当刚需成为主导，供应过量时，高周转、高负债、规模化的企业迅速崛起；

在行业进入改善需求全民化、行业去杠杆、因城施策的背景下，或许精品化策略、股权融资、区域深耕和差异化城市策略的企业将会脱颖而出，快速崛起……

时代改变时，企业能做的不是争辩，而是观察，并且要快速做出行动和改变。

有时候，上个时代的成功恰恰会成为这个时代的桎梏；有时候，生产关系和体系的调整会比想象中更加困难，突破路径依赖，实现自我变革，是优秀企业必备的基因。

在和浙系房企长期共事的过程中，我们钦佩它们"品质为上""共赢共生"的经营哲学，而这种经营哲学是置于"长期经营"的时间维度中的。

这种与时间为伍、长期经营的哲学，会让企业穿越行业的周期，只要进取仍在，时刻都有机会。

这种与时间为伍、长期经营的哲学，会让行业抓住根本的核心，为客户贡献更多，为时代贡献更多。

易居企业集团克而瑞企业战略部总经理
刘晨光
2018年10月

STRATEGY

企业战略

对话绿城中国行政总裁张亚东

品质+创新，
驱动企业跨周期发展

———

中国缺什么样的开发商？访谈一开场，这位新任绿城中国行政总裁先向我们提出这样一个设问，这也是他从2018年8月就任以来在思考和探寻的问题。

"难道缺少千亿或者大几千亿的企业吗？答案显然是否定的，千亿房企接近30家，这在任何行业都是大体量。"

"我们缺少的是对行业的下一步发展有推动力的企业。"在张亚东看来，这样的企业需要具备自己鲜明的标签，精品化的品质，能够不断针对需求升级、为客户提供更优质的居住体验，能够孵化出更多创新的产业链和优秀的供应商。

"我们缺少的是能够穿越周期、长期稳定发展的企业。"在张亚东看来，市场变化莫测，政策让人揣摩不定，绝对地掌握周期非常难。行业不缺能在短周期踩上节奏的开发商，缺的是能够长期稳定发展的开发商，而这需要安全的财务，需要品质和口碑，需要轻重结合的运营。

那么绿城中国的定位在哪里？这是张亚东提出的第二个设问，这是他给自己的命题，答案也已经很清晰——品质为先，有质量的增长，兼顾其他。

没有变。

当大家都在期待这位掌舵人带领绿城驶向速度更快的航道时，张亚东坚定地告诉我们，绿城不仅要做大，更要做强，规模的发展要以品质为前提。绿城靠品质走到今天，将继续强化品质作为企业发展的第一要义这一点。

我们对绿城在品质上的领先并不陌生，但是要进一步放大品质的战略地位，应如何做好规模和利润上的平衡？如何对多元业务板块排兵布阵？如何平衡混合所有制下大股东和资本市场的诉求？在品牌开发商越来越重视产品打造的今天，如何继续保持产品力优势？对这些问题的解答，将是绿城中国给业界最有价值的示范和启发。

品质是房企立身之本，却也有尴尬境地。张亚东对此有一个形象的说法："最重要的往往是长远的，但长远的因为不急在一时往往难以坚持，大家都把注意力放在阶段性目标上了。"当下的资本市场，更喜欢听的也是如何做大规模的故事，做品质意味着成本高、速度慢，不是一个在规模上进取的玩法，很多房企面对资本市场甚至不愿过多提及品质。

张亚东进一步强调品质在企业运营中的战略重要性，因为他和绿城都坚信，品质永远是企业的核心竞争力。品质是房地产开发商能够穿越周期，获得规模和效益的长足、稳定增长的砝码，是打破这个行业"劣币驱除良币"的有力武器。

绿城只需要坚持做它擅长的事。

一、24年品质化之路，形成完善的产品体系

宋卫平曾总结绿城最明显的特点是根深蒂固的理想主义，他从企业创立之初就定下"八字家训"——真诚、善意、精致、完美，绿城一直在实践。放眼各系房企，敢把"完美"写进企业文化理念的，恐怕也只有绿城了。

我们先通过几个细节看看绿城是怎么践行对"完美"的追求的。

·北京西府海棠项目，PC建筑构件在组装时会有拼缝的瑕疵，为了磨合这条拼缝，需要混凝土、打腻子、磨平等几道程序，整个造价因此

多出百万元。此外，为了调出真石漆外立面的暖灰色，经历深三度浅三度的十七轮实物打样，研究在清晨、正午、傍晚、晴天、雨天里实际呈现的色彩，足足用了40天才确定下施工方案。

·杭州桂花城项目，设计方案经过多轮修改、完善，不惜推迟项目工期近一年，后又追加1000多万元成本对景观进行升级。

·北京百合公寓项目，一期交付后已经获得了业主的好评，绿城仍追加800多万元，将景观砸掉重做。

图1　宋卫平先生审核产品设计方案

秉承人文主义和理想主义的基因，绿城已走过24年的品质之路，专注于高品质物业的开发，打造了一个个标杆产品，不断提升人居体验，形成了较完善的标准化产品体系，并推而广之。比如以杭州桂花城为代表的多层公寓系列，以杭州绿园、春江花月为代表的高层公寓系列，以杭州九溪玫瑰园、桃花源为代表的别墅系列，以北京御园为代表的平层官邸系列，以杭州翡翠城为代表的大型社区系列……

表1　绿城中国住宅产品线梳理

建筑类型	产品系列	特色	代表作
别墅	花园系列	第一代居住型别墅	金桂花园、银桂花园
	玫瑰园系列	法式经典，第二代别墅	九溪玫瑰园、上海玫瑰园
	桃花源系列	中式高端合院，第三代别墅	杭州桃花源、苏州桃花源
	桂语系列	原创现代叠墅，第四代别墅	桃源小镇、桂语江南
平层官邸	御园系列	欧洲新古典主义，花园洋房	北京御园、杭州留庄、上海绿城兰园
多层公寓	桂花城系列	新江南风格，"三段式"立面	杭州桂花城、舟山丹桂园
	地中海系列	庭院洋房，注重院落围合	杭州蓝庭、青岛理想之城
高层公寓	绿园系列	横向线条舒展贯中，端部弧线阳台	杭州春江花月、上海绿城
	诚园系列	现代主义，多采用全石材	杭州西溪诚园、北京诚园
	玻璃幕墙系列	钢材横向贯通为细节亮点	温州鹿城广场、杭州蓝色钱江
	酒店式公寓	/	丁香公寓、深蓝广场
安置房	/	/	杭州彭埠云河家园、杭州紫薇公寓

资料来源：克而瑞

随着企业多元业务的开展，产品类型仍在不断丰富和完善。

在2018年4月举行的美好生活主题品牌发布会上，绿城又发布了最新形成的四大新品系列：以滨海文旅、城市耕读、优学教育、健康颐养为代表的"小镇系列"；以济南、沈阳、天津、西安4座全运村为代表的"运动系列"；"公共交通+物业"复合开发模式的"杨柳郡系列"；以杭州凤起潮鸣、上海黄浦湾为代表的"标杆系列"。

二、新形势下如何保持品质领先？

从2018年年中开始，在"奔千亿、冲规模"的主流中，出现了降速、"瘦身"的声音，碧桂园、万科、龙湖、融创等龙头房企表现得尤为明显。万科更是直言"活下去"是基本要求。

张亚东坦言，行业"慢下来"对绿城这样的企业是好时机，因为绿城可以更加专注在品质上。同时这也是压力和挑战，因为更多的房企将更多注意力转向产品本身，不进则退，绿城如何保持产品力的领先？

此外，在"美好生活"理念下，住房需求升级对产品和服务提出更高的要求；绿城自身多业务模式发展下，新的产品类型，如美丽乡村建设、地铁上盖物业等如何打造和复制推广，也都对管理层提出新的命题。

张亚东已经做好了安排。

1.产品创新

绿城之所以能始终在市场上保持产品力领先，离不开持续的创新。以合院式别墅为例，是绿城将西式别墅和中国传统建筑创新融合，并已历经几代产品的迭代创新，不断创造新中式居住体验的高峰。

·绿城第一批中式别墅面世是在2005年，杭州桃花源十锦园推出了10套带有江南园林风味的中式别墅，融园林、庭院与建筑为一体，突破了西式别墅简单的围合结构。

·绿城于2007年开始聚焦法式建筑结构。2009年湖州御园项目是从法式排屋到法式合院的一个尝试。在苏州御园项目中，通过降低层数及建筑和连廊围合，来排除周围住宅对庭院空间的视线干扰，解决庭院私密性的欠缺问题，真正意义上的法式合院产生。

·2010年杭州西子湖四季酒店落成，江南庭院式的建筑风格体现了小桥流水、曲径通幽的意境，完美贴合人们对中式风格的认知。

·杭州云栖玫瑰园做出了一批占地5亩的中式大宅，三进院落，营造庭院深深的家庭大宅意境，加上大园林环境，形成了苏州园林的缩小版。

·安吉桃花源，进一步把户型面积压缩到80多平方米；杭州桃李春风，把几个房间围合成更好的院落，院落之间有更多风景；杭州江南里，强调街巷结构，营造"大隐隐于市"的精神意象；杭州凤起潮鸣，将现代玻璃开窗与传统样式大胆结合。这些都是对中式合院的再发展。

在新形势下，市场竞争、需求升级和多元业务模式，对产品创新提出了更迫切的要求。为此，张亚东将产品创新作为近3年工作的重中之重。

一方面，成立专门的产品创新工作组，在规划设计、精装修设计、景观设计等方面加大创新研发力度，同时促进产品创新研发规范化、体系化、可持续化，并将此作为长期、固定的工作推行下去。

·规范化。工作组建立考察、交流、学习、合作制度，定期输出成果。

·体系化。搭建完整的产品创新体系，覆盖类型创新（TOD产品、小镇等）、风格创新（现代中式、生活馆风格等）、材料创新等多重维度。

·可持续化。保持稳定可靠的产品研发节奏，"研发一代、试点一代、推广一代"，定期迭代，定期发布。

另一方面，通过制度设定，保障创新研发的高效执行和落地推广，比如：评估督导机制；在产品定位、样板房开放、预售节点、竣工验收、交付等重要环节，与营销、客服形成联动机制；在各区域公司形成样板工地；整合建筑设计、精装修、工程、检测等产业链资源。

2.产品"四化"建设：标准化、产业化、科技化、环保化

"四化"建设是绿城基于未来做的提前安排，针对行业的新需求和新趋势做的积极应对。

·规模化的发展对速度和规范性有更高的要求，绿城通过"标准化"提升产品的可复制性、创新的落地性和扩张过程中的规范性。

·国家对装配式建筑的要求，为房地产企业提出了新的方向。绿城通过"产业化"，提升产品的营造效率和质量管控。

·改善需求逐渐占据主流，"九零后"甚至"零零后"逐渐成为新的需求主体。绿城通过"科技化""环保化"，对产品进行创新升级，实现产品的可持续发展。

（1）标准化

产品标准化反映的是产品的成熟度和快速复制能力。如上文所述，绿城已经形成了丰富的产品体系，比如在20世纪90年代就形成的桂花城系列，直到现在仍然在市场上有不俗表现。对于那些通过标杆项目试水的中式合院、现代别墅等产品，以及最新形成的四大新品系列，绿城需要进一步推行标准化经营，让新一代的产品得以传承和推广。

绿城产品中心将与营销、成本、供应商等环节上下游联动，建立从设计到成本，再到工程、集采的标准化体系。

对绿城而言，标准化不仅助推优势产品的传承与推广，还能促成规

模诉求与品质坚守的平衡。

在拿地上，由于有一套标准的经济技术指标和流程，可以较精准控制拿地价格；在开发建设过程中，由于有清晰的财务标准、设计标准、工程标准，可以快速决策，加快全流程，从而实现快速开盘和回款（据第三方机构评估，推行产品标准化，项目周期缩短可以大大降低资金成本，有了设计标准可降低设计费用的20%左右）；在品牌和营销层面，同一个产品系列的公众认知度可以积累，易于品牌传播，从而降低营销费用；在供应链层面，稳定的供应商体系，有利于控制集采成本。

（2）产业化

产业化，即建筑工业化，是大势所趋，其中装配式装修技术是房地产产业化的一个重要课题。2016年，国务院提出装配式建筑的发展目标。2017年住建部出台《"十三五"装配式建筑行动方案》，计划到2020年，全国重点推进地区装配式建筑占新建建筑的比例达到20%以上。浙江省也提出"到2020年，装配式建筑占新建建筑的比重达到30%"。

绿城顺应趋势，强化产业化发展，提升产品品质与营造效率。绿城将加强研究重点城市的住宅产业化政策；在新项目进行土建、装修一体化试点，加强新工艺工法的应用；同时，为产业化配备专人，培养和吸纳研究、开发和技术人才。

产业化完成以后，成本的节约、效率的提升、质量的精细化控制，对于房企来说是一次升级。同时可以实现拿地后快速开盘，开工后快速竣工，周转率和投资收益也会成倍提高。

（3）科技化

随着人们的生活越来越美好，对住宅的要求也越来越高。不仅仅是隔音降噪、制冷制热、安保这些基本需求，还包括对自动化设备、网络与建筑技术和艺术的结合等多方面的新需求。

可以说，科技化是应新的客户需求而生的，代表房地产行业未来新的竞争优势。

绿城在科技化上，将加强住宅智能化配置标准研究，让科技融入绿城产品园区、居家生活，打造绿城智能服务品牌；通过BIM系统，强化生产过程中的技术标准、工艺流程和作业指导，保障产品品质；加强跨界学习与交流，与技术实力雄厚的企业合作。

在对外合作方面，绿城于2018年9月与中国铁塔股份有限公司签订战略合作协议，面向未来5G时代打造"数字地产、智慧地产"。

（4）环保化

这是绿城对社会的责任与担当的体现，绿城将加强对不同地区绿色建筑政策的研究，培养团队的绿色建筑意识，注重绿色建材的使用，并通过科技手段为居民提供健康舒适的居住环境。

绿城通过产品"四化"建设，综合提升产品溢价、优化成本、提速增效，促进规模的发展。2018年7月，绿城成立建研中心，整合外部资源和内部科研力量，推进产品"四化"建设。通过现场打样落实标准化成果，从装配式建筑和装配式内装两方面着手推进产业化进程，以绿色建筑和生态园区研究为抓手，全面促进环保化生产。

3.服务升级

宋卫平说："房子只是生活的一个容器，是'楼'，而生活就是那个'珠'，最有价值、有意义的是围绕这个'珠'字展开的。"

当前，人们对房产品的居住需求正在向美好生活需求转变，这对开发商的服务水平和生活营造能力提出更高的要求。绿城在2003年就提出了"安定、美好"的居住理念，2013年提出美好生活综合服务商的愿景，从"造房子"升级为"造生活"，从产品营造，到生活场景营造、住宅全生命周期维护。

图2　绿城生活服务体系发展历程

2017年成立的理想生活集团和2018年成立的房屋科技集团，是承载绿城美好生活愿景的两大服务平台。

其中，理想生活集团以绿城园区为载体，整合商业、足球、健康、教育、蓝城农业等生活配套产业，打造系列园区品牌活动（奇妙海豚系列、邻里系列、红叶长者系列等），为业主提供全生命周期的生活服务。此外，《服务全景规划白皮书》将生活服务前置到规划中，在硬件上对美好生活予以保障。

房屋科技集团，下辖绿城装饰集团和绿城房屋4S公司，负责产品和技术研发、设计、施工、工程咨询、房屋4S、检测、配套产业等房屋全生命周期服务。房屋4S公司是中国第一家专门服务于房屋的"医院"，专门定制房屋维修系统，为每一户业主建档，使房屋维修过程实现可视化，房屋维修历史信息化。

4.管理跟得上

品质是一切工作的核心，"不仅要定性，还要定量"。尽管就任不久，张亚东已经显现出了近30年政府部门工作经历形成的思维缜密、统观全局的优势。他清楚，要促使整个系统更好地运作，哪些环节还有待加强。

很多企业即便制定了目标和统筹规划，但还是顾此失彼、松紧无度，管理水平难以提升。只有量化、具化的执行方案以及一套考核管理机制，才能更好地让目标落地。"品质的坚守要具体落实到行动中，靠具体的行动方式、行动方案、行动措施来倒逼和支撑品质。"

张亚东主持召开了绿城中国未来3年规划的重要会议，明确提出在绿城的管理体系中增加品质管理指标，总部职能部门和各集团公司、区域公司都要做3年发展规划。将"品质坚守"这个理念落实到各个链条、各个层级、各条战线的具体工作中，落实到每个时间节点上。比如：产品产业化，3年达到什么样的目标，每一年都要有哪些成果出来；客诉部门对问题进行分类，倒推产品和服务的改进，建立问责机制和协调机制；还首次提出召开由行政总裁亲自参加的客服会议。

在"一切工作围绕品质"的前提下，绿城在投资布局和规模增长上，做何安排？张亚东告诉我们，绿城要做"有质量的增长"。

三、规模增长以品质为前提

我们分析绿城近几年销售规模和目标的增长速度后发现，年平均增幅在20%左右。这一速度显然低于目前的行业平均增速（据克而瑞调查数据，2018年上半年TOP100房企规模同比增长37%，TOP20房企规模同比增长31%）。在进一步强调品质的现在，绿城对于规模发展是如何考虑的？

张亚东告诉我们，规模是企业运营的重要指标，绿城在实现规模增长的战略目标上积极进取，2018年的目标是1600亿元，2019年的目标是2000亿元，经过几年发展突破3000亿元大关。从近两年拿地情况看，2017年新增项目数量几乎是前3年的总和，2018年更是加大投资力度，截至2018年8月整体可售货值接近9000亿元（含代建）。

数据来源：克而瑞

图3　绿城中国近年规模增长路径和目标

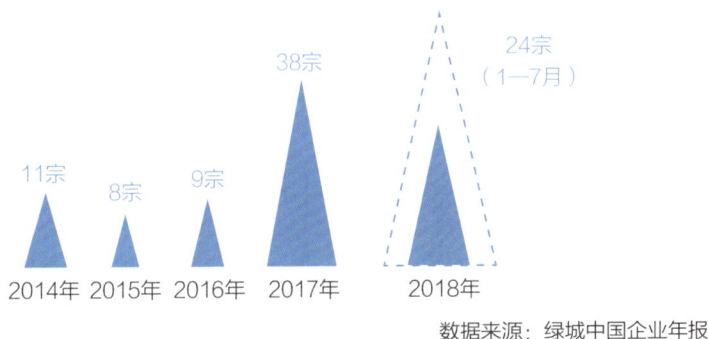

数据来源：绿城中国企业年报

图4　绿城中国近年拿地宗数

只不过规模的增长要以确保品质为前提，年均20%左右的增长速度，是绿城平衡规模和品质的一个合理的速度。

绿城现在推行产品标准化，通过优势产品的快速复制和推广，缩短项目的运作周期、降低成本，最大程度地释放产品的市场价值，获得规模效益。

此外，绿城的多元业务，如发展代建、特色小镇、TOD、运动系列等，都将在未来几年的运营中持续扩大规模。

除了规模保持适度扩展，绿城也严格确保资金的健康度。内部形成三级风险防范，确保账面资金充足，可以覆盖有息负债。目前绿城日均账面资金不低于500亿元，现金充裕、安全，足以满足正常经营需要，保障发展需求。

同时，在金融收缩的环境下，最大化自有资金使用效率，严控资金杠杆。即更倾向于使用内源性资金，主要靠销售带来的资金周转，控制有息负债的使用。

2017年绿城的净负债率是35.85%，绿城中国是业界健康、安全的企业之一。

表2 绿城与TOP10房企净负债率比较

企业简称	净负债率	企业简称	净负债率
万科	8.80%	新城	63.00%
中海	27.00%	保利	86.00%
绿城	35.85%	恒大	184.00%
华润	35.90%	融创	202.00%
龙湖	48.00%	绿地	206.00%
碧桂园	56.90%		

数据来源：上市公司企业年报

四、投资布局更加注重产品因素

"重仓一、二线"，是绿城2015年进入调整期以来始终坚持的核心布局策略。2015年，明确以后重点围绕15个重点城市展开，分别为北京、上海、广州、深圳、杭州、天津、南京、武汉、合肥、济南、郑州、厦门、福州、成都、重庆。

现在看来，一、二线核心城市的调控力度大，很多三、四线城市和都市圈城市都有一定的投资价值，绿城的这份投拓名单是否范围过窄？

张亚东告诉我们，绿城的投资逻辑将更加注重产品因素，"之前投资考虑数据和计算模型，现在第一位要考虑的是新项目是否能树立为绿城的标杆、展现绿城的品质，这是今后绿城拿地的首要原则"。

按照这个思路，绿城的投拓名单将不局限于15个一、二线城市，也不局限于城市的核心区位。尤其是美丽乡村建设类或地铁上盖的项目，往往位于城市外围，这些都是绿城投资的重点。也就是说，从"城里"到"乡下"，从一、二线到重点三、四线，只要地块本身能发展绿城的高品质产品，都属于投资范围。

绿城中国代表了两个高峰。第一是"品质高峰"，这在全行业、全社会毋庸置疑。第二是"创新高峰"，无论是在轻资产和重资产并举的管理模式上的创新，还是在代建、小镇、TOD等领域，绿城中国的升维发展让它再次受到瞩目，再一次展现出引领风范。

五、组织架构创新：轻重并举

2018年4月，绿城中国对组织架构进行了重大调整优化，由原有的绿城中国到项目公司的管控模式，调整为轻重并举的架构体系。

具体来说，由"一体五翼"（绿城中国下属绿城房产、绿城管理、绿城资产、绿城小镇、绿城生活），进一步扁平化，新设立杨柳郡集团、房屋科技集团、杭州亚运村和雄安公司，并根据"轻重"划分，形成"11+5"的架构体系。

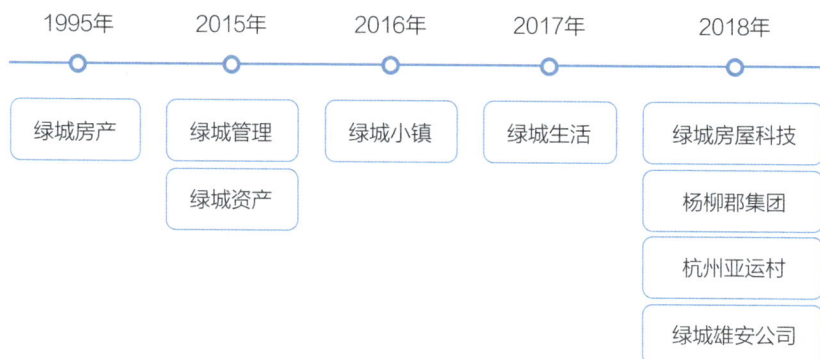

1995年	2015年	2016年	2017年	2018年
绿城房产	绿城管理	绿城小镇	绿城生活	绿城房屋科技
	绿城资产			杨柳郡集团
				杭州亚运村
				绿城雄安公司

图5　主要业务集团发展历程

图6　2018年绿城集团轻重并举的架构创新

绿城在轻资产领域的实践一直是行业领先。在房地产传统开发领域一片红海的今天，绿城对轻资产的探索和推动更加重视，未来将逐步加大轻资产权重。

在张亚东看来，轻资产模式不仅是绿城中国的方向，也将是整个行业未来的方向。未来投资与建设将进一步分离，重资产板块负责投资拿地，其他的全部交给轻资产板块来完成。企业管理上也将向轻资产管理方向转型升级，这一点可以从其他行业得到启发和借鉴，比如参观国内领先的物流公司时发现，它们已经不是传统意义上的工厂，而是一个整合上下游资源的管理系统。

绿城管理集团：代建业务，是公司重点培育的"独角兽"板块。2017年做到了430亿的流量销售额，并且发展越来越快，2018年前9个月就突破400亿的销售额。在国内房地产轻资产领域，亦是开拓者和引领者。

绿城资产集团：金融服务平台。将绿城旗下的酒店、会所等"副业"盘活，提升持有资产流动性，为企业发展提供创新融资。

理想生活集团：承载绿城"服务平台化"战略，以绿城园区为载体、以美好生活开发者为己任、以科技服务绿城客户。

房屋科技集团：房屋全生命周期服务平台，包括产品营造、销售接待、签约关怀、房屋4S服务、客诉服务等服务内容。

绿城雄安公司：绿城与雄安新区构建战略合作伙伴关系。将在保障房建设、政府代建以及生活服务等方面有很多机会。

在重资产领域的调整方面，将绿城房产划分为八大区域公司，由集团直管，实施更加扁平化的管理，并且将客户定位、产品定位、销售等权力全部下放，既能提升各区域公司的自主拿地能力和营销能力，加快区域决策效率，也能以此提升公司的整体周转率。

此外，小镇集团、"轨交＋物业"的杨柳郡集团、杭州亚运村项目，都是将重点业务板块进一步独立，专事专干，提升重资产板块整体的运营效率。

绿城小镇集团：致力于成为配合"特色小镇"国家战略落地的综合服务商，已有近30个项目落地。

杨柳郡集团：着眼轨道交通快速发展带来的历史性机遇，以服务政府、轨交集团为核心，专注于TOD专业咨询、开发运营和建设管理。

杭州亚运村：由集团直管。杭州将于2022年举办第19届亚运会，绿城和万科、华润中标成为亚运村建设的3家开发商。此前绿城参与了中国4座全运村的建设（济南、沈阳、天津、西安），经验十分丰富。

一是重资产区域化，把浙江公司、北方公司、西南公司等这些区域公司上调到集团直管的级别，在于"让重资产由区域说了算"，在投资、营销、创新等方面都有充分的主导权；

二是创新专业化，每一块新业务领域成立专门的公司去做；

三是孵化垂直领域"独角兽"，扩大绿城的市值。

这次组织架构的调整，是绿城24年来规模最大的一次调整，我们理解为是绿城中国发力的前兆。

·企业发展规模的要求。随着企业进一步发展，原有架构的制约作用就体现出来了。如前文所述，绿城的规模增速虽然不快，但由于基数大，增长当量也相当可观。"原有组织架构已经装不下未来几年的容量。"未来将实现3000亿元的容量，现在提前对组织架构进行调整升级。

·管理效益提升的要求。绿城目前有几个板块作为重要发展引擎，比如TOD、小镇、代建，将这些板块单独拉出来，让专业的人做专业的事，聚焦聚力，全面铺开。

·关注消费端，进一步提升服务品质。比如理想生活集团和房屋科技集团，更专注于产品和服务细节。

·绿城对房地产蓝海领域的积极探索。房地产传统开发领域无疑是一片红海，加上现在调控严格，房企的流动性受阻。绿城已经把目光投向了蓝海领域，比如代建、TOD、小镇，将是行业新的增长点，企业要提前准备，争取占据一席之地。

六、业务创新：优化投资结构，探索蓝海机遇

无论是已经发展成国内轻资产领域"独角兽"的代建模式，走在探索城镇化、推动乡村振兴前沿的小镇模式，还是挖掘城市边缘土地价值的TOD模式，都是绿城在传统招拍挂之外，优化投资结构，在行业蓝海领域占领先机的重要模式。

1.代建

如张亚东所言，轻资产模式将是行业未来的方向，其中代建最为典型。从利润率看，代建利润率高，有助于企业实现"有质量的增长"。从行业风险看，代建模式与传统开发模式形成反周期，起到削峰填谷、平抑周期的作用，在市场下行时同样能为企业扩大规模和提升利润。

绿城2010年就开启了大规模代建业务，2015年正式成立绿城管理集团，形成了输出品牌和管理的轻资产运营模式。

近两年，绿城代建业务高速发展。截至2018年7月30日，代建、受托管理的项目已达到260多个。其中2018年上半年新签约97个，这个数据比历年全年获得的项目数量都多。截至2018年10月，销售金额突破400亿元。张亚东告诉我们，到2020年，代建板块销售规模有望突破千亿。这几乎是一个大型开发企业的体量。

表3 2017年代建规模占比情况

项目类型	销售金额（亿元）	占比	销售面积（万平方米）	占比
投资项目	1033	71%	444	54%
代建项目	430	29%	383	46%
总计	1463		827	

数据来源：2017年企业年报

作为国内规模最大、专业能力最强的房地产轻资产管理公司，绿城管理集团已经成长为一只"独角兽"。

据第三方机构2017年统计的数据，过去7年19家大牌房企的代建项目，累计合约总建筑面积达11153万平方米，其中绿城管理集团的市场份额占了45.4%。

不仅在规模上领先，绿城管理还制订了一整套管理标准体系，其中"绿星标准"被称为代建行业的米其林标准，运用绿城的产品营造能力、服务能力和品牌影响力，为中小企业委托方赋能。

2.TOD

随着中国的城市化进入后期，可开发的土地量越来越少。城市轨道交通的发展，使得地铁上盖成为一个重要的土地资源。绿城2018上半年成立杨柳郡集团，专门着眼于轨道交通快速发展带来的历史性机遇，在全国范围内发展TOD模式（即Transit-Oriented Development模式，是以公共交通为导向的开发模式，即在城市轨道及交通站点附近进行高密度开发，提供居住、就业、购物和市民活动等混合服务）。

对绿城而言，TOD模式既是突破土地资源瓶颈的有力方案，也是顺应城市大轨交发展趋势的重要举措。TOD模式开发不仅能充分提升地铁沿线偏远地方的土地价值，对于扩大城市发展框架也起到关键作用。比如杭州杨柳郡所在区域，原来是偏远地区，通过杨柳郡建设，带动当地的人口流动和刺激消费，把整个杭州城市建设往前推了一步。

目前，绿城已经成功实践包括杭州杨柳郡（浙江首个地铁车辆段上下一体化开发项目）、杭州凤起潮鸣（国内首个盾构区间上下同步施工高端旧改项目）、宁波杨柳郡、杭州中心、宁波中心、青岛深蓝中心等在内的一批标杆TOD项目。同时，已与杭州、西安、武汉、福州、南昌、宁波、台州、佛山等重点城市的轨道交通集团达成战略合作意向，共同推进城市轨道交通发展。

张亚东透露，杨柳郡集团的发展将是"轻重结合"。目前，杭州杨柳郡项目商业部分以带租约销售为主，未来，在新项目中将进一步扩大商办物业持有、运营的比例，探索资产证券化之路。

3.小镇

随着国内主要城市的城市化发展到位，完善城市功能和产业升级换代将成为未来一段时期地方政府的主要目标，产城融合是一个趋势。对于房地产开发商而言，产镇开发是新的方向。

2014年10月，时任浙江省省长的李强在参观杭州云栖小镇时首次提出"特色小镇"概念。2016年7月，国家正式发布《关于开展特色小镇培育工作的通知》，各企业、民间资本顿时活跃起来，纷纷布局特色小镇。

绿城是小镇模式的积极探索者，从2003年首个大型社区海宁百合新城开发建设开始，小镇初具雏形。2016年7月，绿城理想小镇集团正式成立，以浙江为始，布局全国，目前已有25个小镇。绿城也是最早将小镇作为独立业务集团的房企之一。

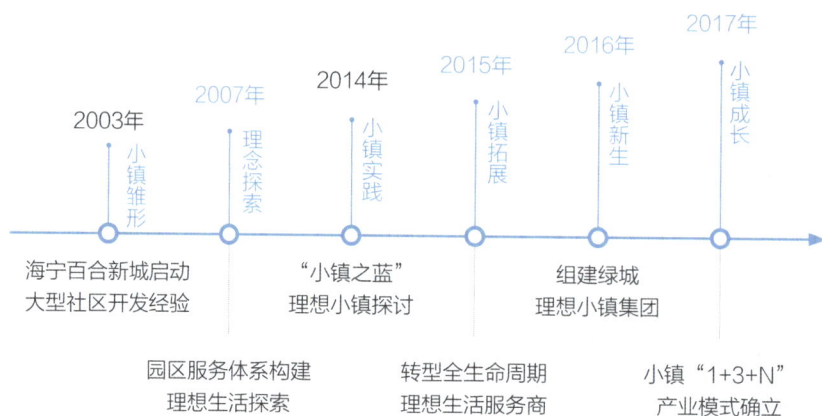

图7　绿城小镇业务发展历程

在模式探索上，绿城小镇走上了一条中国小镇特色定制之路。主攻当地特色产业，在实现"一业兴一镇"的基础上，进行其他附属产业的复合。目前，已经形成了农业小镇、文旅小镇、教育小镇、康养小镇、城市小镇五大核心类别，并成功落地打造了镇系样本产品，如康养小镇杭州桃李春风、养老小镇乌镇雅园、文旅小镇嵊州越剧小镇等。

·"绿镇"定制系统。从顶层设计到产业整合，从空间构筑到生活服务，就小镇运营的每一个环节，开发了完善的小镇特色定制系统。在"1+3+N"的产业模式下，即以文旅产业为核心，以农业、教育、康养为重心，以其他特质产业（如红酒、茶叶、花卉产业等）为衍生，为政府及产业打造"特色小镇"平台。

·依托绿城中国产业链的支撑。绿城中国有20余年品质房产的开发经验、美好社区文化营造及全方位客户服务的经验，加之绿城医院、足

球、农业、教育、金融、物业等各资源板块的助力，小镇集团已经初步
具备了完善的小镇建设运营与可持续发展的能力。

·成立中国首个小镇生态产业联盟。在中交+绿城的产业链背书
下，搭建开放共生的小镇产业资源平台，整合国内外各种优质产业资
源，因地制宜地发展产业，为小镇注入更多活力。比如与同济大学、浙
江中青旅的战略合作。

·开设"三生学院"，储备小镇建设人才。"三生学院"作为绿
城小镇发展与人才储备的载体，旨在挖掘优秀员工，输送骨干人才。同
时，将生活服务体系内各条业务线的骨干精英成员聚在一起，合理利用
内外资源，通力合作落实小镇研究项目。

目前，绿城小镇在全国有近30个项目在开展，杭州桃源小镇、嵊州
越剧小镇、德清观云小镇、海南蓝湾小镇、成都农博小镇等，后续将进
一步扩大投入。

张亚东强调，这些新业务的前提是"品质不能掉"，先规范化发展
以确保品质、品牌的建立，再进一步追求规模化发展。

1985年秋天，在舟山党校做老师的宋卫平在上课时，发现校园里一
棵桂花树开花了。他对学员说了这样一段话："大家看到桂花开了，也
闻到它非常独特怡人的香味。其实生活的美好是可以创造的，只要大家
去多种一些桂花树，我们的生活就会多一些桂花香。"1995年，宋卫平
创建绿城，月亮、桂花成为企业logo的主元素。

情怀、匠心，说多了就会变成空泛的营销词，而这些词放在绿城

身上，没有一丝勉强，是对这家企业直白的注解。情怀实实在在"走了心"，它能够为社会创造的价值就显得格外珍贵。

在和张亚东总裁的对话中，我们看到绿城在传承、发展、制度等方面的通篇布局。传承浙系房企对品质的坚守，通过对轻资产模式的探索，对行业蓝海的提前布局，对制度化的创新和坚定执行，为发展注入新的力量……绿城的发展是一种注重未来的模式，积淀的是绿城中国未来的竞争力和企业长久、持续、健康发展的生命力。

时代选择企业。相信基本功扎实的绿城中国，在坚守和发展的道路上，将实现独具特色和核心竞争力的弯道超车，或许将为中国传统房地产发展模式探出一条全新的道路。

企业发展历程

1995年	● 在杭州成立
1997年	● 销售额跃居浙江房企榜首
1998年	● 成立驰骋绿城足球俱乐部
2000年	● 走出浙江，开发省外项目（上海项目启动，区域型转向全国型）
2004年	● 绿城物业获国家物业服务企业一级资质
2006年	● 在香港上市
2008年	● 承建全运会历史上首个全运村——海尔绿城·济南全运村
2010年	● 启动代建业务
2011年	● 首创老年教育品牌颐乐学院
2014年	● 中国交通建设集团有限公司成为大股东，绿城中国成为混合所有制企业
2015年	● 成立绿城管理集团 启动YOUNG时代，由"造房子"向"造生活"转型 布局长租公寓市场，与优客逸家合资成立浙江绿城优客资产管理有限公司
2016年	● 销售首次破千亿 布局特色小镇，成立小镇集团
2017年	● 优化组织结构，下属绿城房产、绿城管理、绿城资产、绿城小镇、绿城生活五大子集团
2018年	● 成立杨柳郡集团、绿城房屋科技公司、雄安公司、杭州亚运村 确立"轻重并举"的发展导向，创新优化组织架构，"11+5"

企业多元化涉及领域

/ 长租公寓 /　2015年，绿城中国与优客逸家在杭州成立合资公司，浙江绿城优客资产管理有限公司，联合运营长租公寓，绿城方持股比例为40%。绿城的渠道优势加上优客逸家的整合运营、线上线下及IT开发能力，让绿城优客在长三角实现长租公寓的"互联网+"模式。目前已进入杭州、重庆、济南等城市，共运营上万间。此外，绿城还公开发行和非公开发行了住房租赁专项公司债券，打开住房租赁融资渠道。

/ 特色小镇 /　2016年成立绿城小镇集团，是最早将小镇作为独立业务的房企之一。目前已经有近30个项目在展开，杭州桃源小镇、嵊州越剧小镇、德清观云小镇、海南蓝湾小镇、成都农博小镇等，后续将进一步扩大投入。预计到2021年小镇板块的销售业绩可达到600亿元。

/ 体育 /　1998年成立驰骋绿城足球俱乐部，成为迄今为止浙江省唯一的职业足球俱乐部。还创办了浙江绿城足球学校。

/ 教育 /　2001年成立教育投资、管理和咨询公司。目前，公司已投资建成的学校12所，已形成学前教育至高中段教育一体化的办学格局。其中最为有名的是旗下的绿城育华学校。目前在校生人数已近10000人，教职员工1000多人。此外，2002年开始涉足早幼教领域，2015年开始全面进军早教，创立"奇妙园"品牌。目前，全国已有20家奇妙园品牌国际双语儿童成长中心。

/ 医养 /　2011年首创老年教育品牌颐乐学院，覆盖居家养老、社区养老与机构养老的全产业链服务。绿城·乌镇雅园是绿城集团推出的首个养生养老项目，首创中国学院式养老模式。至今颐乐学院在全国已有30余个校区、100余个教学班，注册学员达到2000余人。

张亚东
绿城中国行政总裁

1968年生。曾就读于辽宁大学、大连轻工业学院、厦门大学，拥有博士学位。有着多年从政经历，曾担任大连市副市长，大连市委常委、统战部部长。在担任大连市政府副市长期间，负责城市建设与管理工作，分管范围涉及大连市国土资源与房屋局、城乡建设委员会、规划局、城市建设管理局及其他相关城建部门等，在城乡建设和房地产管理方面有丰富的经验。

2018年5月加入绿城中国，现任绿城中国执行董事、行政总裁、党委书记。

对话滨江集团董事长戚金兴

雁型布局，
千亿房企冲刺的
另一种姿势

抵达滨江集团位于杭州庆春东路38号的总部办公楼，迎面走来的戚金兴，身上有着"浙商"企业家典型的低调谦和，却又难掩风风火火。这种气质竟和滨江集团如此契合。作为浙系房企中的佼佼者，以稳健和深耕著称的滨江，可以为同行带来哪些启发？

一、十年"内外兼修"，形成核心竞争力

滨江在中国的房地产企业中特点突出，优势明显。它给业内留下最多的印象是高品质楼盘和服务。用戚金兴的比喻来说，滨江像一个气质型"美女"，既注重外在形象，更看重内在的健康。如何解读发展25年来滨江的"内外兼修"？

1.业主的认可

首先是优质的产品品质和物业服务，无论是湘湖壹号、壹品这样的高端楼盘，还是江南名府这样的中端产品，滨江每做一个项目都要求做到质价相符，树立市场口碑。滨江二手房的溢价率比周边楼盘高出20%以上，此外收房率很高，2017年交房基本达到零投诉。

2.同行企业的认可

滨江的操作能力和品牌能力越来越被同行认可，已凭借开发建设和物业管理的优势与华润、保利、碧桂园、旭辉等多家企业开展合作，不仅提升了公司全面合作的业务能力，而且提高了行业知名度。

3.金融机构的认可

滨江多年来积累下良好的公司信誉，获得金融机构的认可和支持，目前几乎所有银行都把滨江列入贷款名单，而且始终保持同地区同规模企业的最优惠利率水平，这种优势在房企中是得天独厚的。

4.团队的储备和历练

据戚金兴介绍，以前滨江平均每年增加70个员工，2017年员工为430人左右，目前已经有520多名员工，也就是说2018年前四个月就增加了90多人，这是在为未来的发展加快储备人才。对于团队的优势，戚金兴如数家珍。团队执行力、战斗力特别强，520个人对应50多个项目，同等规模对于多数企业来说，人数估计需几倍之多。这得益于戚金兴的团队培养能力和高效管控，新人入职后要在总部接受半年的企业文化、系统的能级培训，之后才会被分配到各个项目上，如此到岗后就能快速进入状态。此外，员工的归属感极强，算上项目团队人员，一年离职不到10人。

戚金兴坦言，前十年的发展规模没有达到理想状态，缘于错失了两次扩充规模的机会。然而十年的稳健发展，滨江练就了扎实的基本功，形成了产品、运营、资源、团队的核心竞争力。

二、厚积薄发，规模快速增长冲千亿

作为一家注重内涵（品质）、步调优雅（深耕杭州）的气质型（稳健型）房企，同时在这么多"天时""地利""人和"条件的加持下，滨江蕴藏的能量正在释放，规模正在加速增长。

我们先看两张表。

表1　部分房企近年规模增长（单位：亿元）

房企	2014年	2015年	2016年	2017年	三年复合增长率
滨江	96	235	330	615	85.5%
祥生	90	109	180	568	84.8%
融创	659	682	1506	3620	76.5%
旭辉	212	313	653	1040	69.9%
碧桂园	1288	1402	3088	5508	62.3%
恒大	1315	2013	3734	5010	56.2%

数据来源：克而瑞

表2　部分房企2018年业绩目标

房企	2018年业绩目标（亿元）	目标增长率	房企	2018年业绩目标（亿元）	目标增长率
融信	1200	71%	世茂	1400	39%
滨江	1000	63%	旭辉	1400	35%
富力	1300	59%	首创	750	34%
首开	1000	45%	绿地	4000	31%
新城	1800	42%	龙湖	2000	28%

数据来源：企业公开

从销售业绩上来看，滨江2014—2017年三年复合增长率高达85.5%，这个增长速度比业内公认的黑马如旭辉、祥生，以及滚雪球式增长的"大块头"碧桂园、恒大更快。2018年滨江提出千亿目标，增长率也达到了62.6%，这个速度在冲千亿的房企中也是遥遥领先的。

截至2018年上半年，滨江集团的销售业绩达到405.5亿元，目标完成率为40.55%。为了充分激发管理团队的积极性，7月滨江提出"千亿腾飞幸福分享计划"的激励措施，设立有限合伙制基金，员工投资采用有限合伙形式投资公司操盘的项目。一来能够调动员工的积极性，形成利益共同体；二来在融资环境收紧的情况下，增加了企业资金来源，从而促进投资开发，也能够缩短项目开发周期，为未来的业绩冲刺打下良好基础。

受益于良好的口碑，代建也是撬动滨江规模快速增长的关键。滨江于2010年开启代建业务，代建项目销售额逐年增长，2018年上半年为179亿元。代建的典型项目钱塘印象（平均售价46000元每平方米）年平均销售额可达30亿元。在促进规模的同时，代建业务也为企业带来了更多的收入来源，2018年上半年滨江的代建管理费收入4.1亿元，同比增长58.75%。

不难看出滨江发展规模的决心和信心。千亿目标能不能实现，还要看货值储备情况。

近两年滨江加快了投资拿地速度。2016年获取10宗地。2017年成立了并购领导小组，通过招拍挂和收并购等方式共获取20个项目。2018年的目标是新增30个项目，截至10月底，已经拿了26个项目，方式除招拍挂之外，还包括村级留用地、产业加开发、收并购等。

戚金兴对于规模的发展胸有成竹。进入销售周期的项目有50个，加上2018年后续的拓展，将有70多个项目贡献销售业绩。截至2018年10月份，滨江的货值储备已经达到2500亿元，由于拓展力度在加大，集团争取实现3000亿元的储备。如此，2018年只要完成40%的去化，就能实现千亿的业绩目标。这对于市场认可度高、溢价能力强的滨江来说，几乎没有压力。

戚金兴做了科学的节奏安排，"2017年拿地的楼盘要销掉75%，2018年一季度拿地的楼盘要销掉30%，2018年二季度的争取销掉10%"。

三、"雁型布局"，深耕也能出千亿

对于千亿目标，戚金兴详述了他的布局安排：杭州300多亿元，五个重点城市各约60亿元，十个富裕县市各约30亿元。

在一、二线城市地楼比企高，房企不得不下沉布局时，三、四线城市成了投资热土，浙江均好的三、四线城市很多，优势更加明显。从布局战略调整和千亿构成变化不难看出滨江的共识和应对：弱化上海和深圳，强调杭州和浙江。

表3 滨江在2018年3月的业绩说明会上对布局战略和千亿目标构成做了调整

布局战略调整	
调整前	以杭州为根据地，拓展上海、深圳市场，以及长三角富裕城市
调整后	聚焦杭州，深耕浙江，辐射华东，关注珠三角、京津冀、中西部重点城市三个"游击区"
千亿目标构成的变化	
调整前	杭州大本营200多亿元，上海、深圳各200亿元，长三角富裕县市共200亿元，此外还有北京的业绩
调整后	杭州实现销售300亿元，五个重点城市各销售60亿元，十个富裕县市各销售30亿元

戚金兴坦言，浙江的两个楼盘激励他一定要回来。一个是平湖106万平方米的项目，2014年初拿地时估算销售额80亿元，至今卖了4年，可售部分的总价还是一样。"2014年销了4亿元，可售货值还有80亿元；2015年销了15亿元，还有80亿元；2016年销了25亿元，还有80亿元；2017年不限价的话还有80亿元（限价了只有60亿元）。"另一个是义乌的项目，相较于周边楼盘15000元每平方米的单价依然销售难，滨

江的项目则在19600元每平方米的高价下被排队抢光。滨江楼盘的认可度和溢价能力可见一斑。"这种优势要进一步发挥。"

在城市的产出上，戚金兴看重的杭州之外的"五个重点城市"分别是上海、深圳、温州、湖州、义乌，"十个富裕县市"中，浙江城市占大半，包括平湖、温岭、奉化、乐清等。从货值储备看，杭州有可能达到400亿元的销售额。义乌和平湖等城市的大体量楼盘将持续产出业绩。千亿的业绩中，杭州和整个浙江的贡献率分别能占到40%、80%。

"深耕也能出千亿"，这就是滨江式的发展。深耕一个核心城市杭州，加仓周边几个重要城市，进入少量外围城市，即可实现规模的快速扩张。滨江最新调整的布局战略"聚焦杭州，深耕浙江，辐射华东，关注珠三角、京津冀、中西部重点城市三个'游击区'"，同样在延续这种布局思路。这与规模战下多数房企广撒网加大布局面、同时抢收多个核心根据地的做法对比，似乎是另辟蹊径。

我们将滨江这种"核心依托一城一地、渐次分层向外围展开"的布局模式称为"雁型布局"。滨江以杭州为"雁首"，以温州、宁波、湖州等核心地级市为"雁身"，以义乌、乐清、平湖等三、四线小城市为"雁尾"。

这样的布局模式，布局半径小、管理集中，核心城市形成的核心运营能力、成本控制能力、集采能力能更好更快地复制到周边城市，未来在其他地方也可以实现复制和输出，令规模实现快速增长，且发展的可持续性非常强。

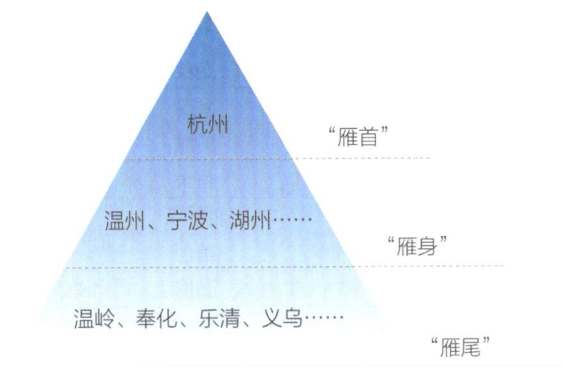

图1　滨江集团的"雁型"布局示意图

四、财务红利显现，为规模加速提供资金

为了在这个节点上进一步加快发展，戚金兴是做了充分的准备的。

滨江一直奉行的是稳健的财务政策。从净负债率这一指标来看，滨江连续多年保持较低的负债水平，甚至2017年净负债率为净现金（现金存款95亿元，贷款89亿元）。在十六家典型的上市房企中，滨江的净负债率最低。从融资成本这一指标来看，滨江2017年的平均借贷利率为5.05%，比它还低的大部分为国有企业。近些年滨江始终保持获取银行贷款方面的资金优势，基本没有采用融资成本较高的房地产信托融资等。这些表明滨江的运营风格是稳中求进，现金充裕，并严控资金风险，几乎不利用杠杆，同时也表明负债的可提升空间非常大。

表4 典型上市房企净负债率

企业	净负债率	企业	净负债率
滨江	净现金	金茂	60%
万科	8.8%	新城	63%
中海	27%	恒大	70%
绿城	35.9%	雅居乐	73%
华润	36%	首创	122%
招商蛇口	40%	融信	159%
龙湖	48%	富力	170%
旭辉	51%	正荣	183%
世茂	56%	融创	202%

数据来源：2017年各企业年报

表5 典型上市房企平均借贷利率

企业	融资成本	企业	融资成本
华润	4.16%	万科	5.14%
中海	4.27%	世茂	5.30%
龙湖	4.50%	绿城	5.40%
金茂	5.00%	雅居乐	6.00%
旭辉	5.00%	融创	6.24%
首创	5.00%	融信	6.90%
滨江	5.05%	新城	7.00%
招商蛇口	5.10%	正荣	7.30%
富力	5.10%	恒大	9.52%

数据来源：2017年各企业年报

　　稳健的财务政策源于企业的运营优势和核心竞争力。滨江的品牌效应和高品质住品，使其能够获得较高的市场溢价和利润空间；良好的运营状况和信誉为其赢得了政府和金融机构的支持，在融资上有较大优势。

　　在融资渠道方面，滨江具有独特的优势。当其他企业只能通过信托、投资等渠道获取资金时，滨江却可以凭借资源优势，通过直接融资和间接融资实现贷款，而且所有银行都为其开通绿色通道（针对开发企业贷款，浙江省内银行通常遵循7+2或9+1的名单管理法则。7和9一般是排名前20的房企，包括央企；2和1则是浙江最优秀的企业，就是滨江。不在名单之列，意味着很难从银行获取资金）。

经过多年的良性发展，滨江的财务红利已然显现，在企业拓展规模的阶段，能够有较大的资金操作空间。

发展规模的要求下，资金拓展是必要的。戚金兴说，滨江已经开始"放大资金"。一方面是增加贷款。滨江常年保持60多亿元的贷款，2017年增加20多亿元，2018年前三个多月就已经增加了100多亿元。另一方面，融资成本在逐年上升，平均借贷利率从2016年的4%左右到2017年的5.05%，2018年预计为6%左右。"我借的钱不用拿去还债，纯粹用来拓展业务。"戚金兴信心十足。在净资产有息负债率为2倍的情况下，滨江还有100多亿元的资金可以继续投资拿地。

五、一整套确保品质的制度优势

高品质是滨江引以为荣的优势，也是这家企业最为鲜明的标签。2005年开发建设的金色海岸项目，作为国内精装修豪宅的典型之作，奠定了滨江集团高端品质住宅营造者的品牌形象。之后打造的武林壹号，更是杭州乃至全国豪宅的一张名片。

对于滨江而言，在企业进入发展规模、进入更多新兴市场的阶段，坚持品质十几年，除了公司理念的传承，如何通过制度化确保品质的坚守和发扬？我们总结出以下四点原因。

第一是标准化的传承。滨江在2008年就完成了集团产品标准化的建立，并在后续不断更新完善。在产品体系上，已经形成了"定制、豪华、经典、标准"五大类别，每一类又细分为A、B、C的不同等级。其中的标杆产品树立的品质标准，如武林壹号、金色黎明、滨江天樾等，为同等级产品的打造提供一个参考，在新进入的市场可以实现较高标准、较快速度的复制推广，使高品质得以延续。在流程规范上，各个节点都做到制度化，建立了一套工程标准、采购标准、营销标准等，并不断筛选、优化和淘汰，确保产品在建造和交付过程中的质量。有了一套标准，对于人员变动等问题也能顺畅应对。

第二是扁平化的组织架构。滨江始终保持二级管理架构，项目层面和集团层面的紧密度较高，上传下达的效率更高更直接。一方面项目层面对于集团的产品理念和要求更容易接收执行，另一方面集团也能对市场保持较高的敏感度和较快的响应速度，遇到问题能够及时解决，利于产品的优化和操作效率。

第三是长期稳定的供应商体系。滨江与其供应商已经形成长期合作的关系，双方之间的信任度和协同度高，且保持较低的成本，合作机制都较为成熟，可以为它带来速度和品质的保障。

第四是稳定的员工团队。滨江的员工归属感极强，很多都是跟随企业发展多年的老员工，他们对公司理念的认同和执行非常到位。此外，企业没有繁复的人事关系，员工具有高度的主人翁意识，激情、务实的工作作风深入人心。

六、产品线完善，从高至低的产品力"降维打击"

滨江在打造高端住品上的成绩和口碑，使它成为高端住宅开发商的代表。不过滨江并不是只做高端产品。戚金兴告诉我们，滨江20%做高端产品，80%做市场化产品，这是顺应市场需求和企业良性发展的要求。尤其是在规模提速的战略时期，加快周转速度、快速回笼资金很关键，单一做高端产品不能满足这一点。

滨江对自身的品牌和品质优势进行下沉，建立从高端到改善再到刚需的完整产品线，已成功建立"A+定制、A+豪华、A+经典、A 豪华、A经典、B豪华、B经典、B基本、C豪华、C经典、C基本"一套完整的产品标准化体系。

· "A+"系列产品：以湘湖壹号、武林壹号为代表的国际一流精装修住宅。

· "A"系列产品：以城市之星、曙光之城为代表的国内一流精装修住宅。

· "B+"系列产品：以金色黎明、凯旋门为代表的高品质毛坯住宅。

· "B"系列产品：以万家花城、万家星城为代表的高品质毛坯住宅。

· "C"系列产品：以绍兴翡翠园、普福公寓三、四期为代表的代建系列住宅。

在整个产品体系的下沉中，滨江在其优秀的高端产品营造能力的基础上，打造的刚需、改善型产品，于细节处改良优化，满足不同人群的需求，其品质标准高于同等售价水平的其他同行产品，这是滨江的产品品质这一核心竞争力的体现。为企业不断创造品牌溢价，实现有质量的增长，这是一种产品力的"降维打击"。

以萧山市中心的滨江御江南项目为例，1.7的容积率原本可以做顶豪产品，滨江选择做精致产品，不贸然追求大尺度和高溢价，而是以流量为先。同时在限价大背景下，保证同价不减配。从这个项目的打造可以看出，滨江通过传承标准化、改进优化、缩短工期等方面进行产品体系的下沉。

在传承标准化上，滨江御江南延续了横厅作为户型的亮点，全落地窗，无暗房间，工艺工法讲求细致。

在改进优化上，89平方米做到三房，129平方米做到四房，130平方米以上做到五房，而且全部是三房朝南，四房朝南；每个房间的收纳空间不低于建筑面积的10%，作为户型设计的硬性指标；别墅的主力户型控制在200平方米左右，总价可控，同时选择A系列用材，保证品质，因此流速非常快。

在缩短工期上，2017年10月拿的地，2018年6月公寓产品即将开盘，达到滨江对于"7个半月首开"的要求。同时，2套别墅实体样板房已经对外呈现，从整体装修和细部把控来看，品质明显高于其他高周转企业。

....

有人把从一个机会飞向另一个机会、从一个市场飞向另一个市场这类机会主义驱动的房企比作蝴蝶型房企。蝴蝶飞不过沧海，大雁可以。我们对厚积薄发、充满干劲的戚金兴和他的滨江集团有很多期待。

企业发展历程

1992年 ● 杭州滨江房屋建设开发公司正式挂牌成立，公司创立初期以旧城改造
项目为主

1996年 ● 杭州滨江房产集团有限公司成立

1997年 ● 公司取得国家一级开发资质

1999年 ● 公司完成转制，成为杭州首家成功转制的房地产企业

2005年 ● 开发建设金色海岸项目，作为国内精装修豪宅的典型之作，奠定滨江
集团高端品质住宅营造者的品牌形象

2007年 ● 绍兴金色家园项目落地，滨江集团正式踏出了异地发展的第一步
实施以浙、沪、江为核心的全国战略，并深入拓展二、三线城市

2008年 ● 滨江集团在深圳交易所成功上市
集团产品标准化体系与成本控制体系建立，为集团未来的产品复制、
异地拓展及商业代建做好准备

2010年 ● 开启代建业务

2011年 ● 成立普特投资，驶向资本市场蓝海

2015年 ● 开发建设养老地产项目

2016年 ● 开始布局长租公寓、特色小镇

2018年 ● 制定千亿的发展目标，调整布局战略
成立暖屋（杭州）租赁住房发展有限公司，明确长租公寓发展目标

企业多元化涉及领域

/ 长租公寓 / 滨江2016年开始涉足长租公寓，并将其作为企业发展的战略重点。戚金兴表示非常看好这个市场，滨江将力争成为杭州集中式长租公寓的龙头，已正式成立了暖屋（杭州）租赁住房发展有限公司，并已正式启动运营，2018年内陆续有产品供应到市场。戚金兴利用良好的品牌优势和本地资源优势，已经与杭州市中心的14个村级留用地达成意向，总建设体量接近300万平方米，这将是滨江长租公寓发展的肥沃土壤。

—————

/ 特色小镇 / 政策的力推，使得全国范围的特色小镇建设迅速升温。杭州是中国特色小镇建设最有经验的城市，滨江2016年开始布局小镇项目，凭借在项目品质和管理上积累的口碑，成为许多房企争相合作的伙伴。集团与棕榈股份、电建地产在特色小镇业务领域建立长期战略合作关系，并利用各方的优势资源，在全国范围内寻找合适的地区开发特色小镇。小镇也将为滨江项目提供新的模式，推动公司经营版图的拓展。

—————

/ 医疗领域 / 滨江从2015年就在国内落地了养老项目，2018年养老产业的发展局面进一步打开，孵化新的亮点。从2017年开始考察美国、日本和国内优秀企业的做法，戚金兴总结出了自己的一套别具新意的养老模式——六七十岁养老世界跑，七八十岁养老全国跑，八十岁以上市内养老。滨江的养老产业布局也将按照这个模式展开。国外将在美国西雅图、日本和澳洲各落地一个项目，国内计划在浙江省内和珠海、三亚、舟山、青岛、大连这几个地方落地项目，市内将围绕千岛湖、湘湖、西湖、钱塘江、天目山落地项目。目前国内外都已有多个项目落地。加上滨江本身物业管理和服务的优势，滨江未来的养老产业可圈可点。

戚金兴
滨江集团董事长

1962年生。1992年江干区成立杭州滨江房屋建设开发公司，戚金兴任总经理。2003年至今担任杭州滨江房产集团股份有限公司董事长、党委书记，兼任杭州滨江投资控股有限公司执行董事。高级经济师、浙江大学MBA企业导师。曾获"2017年十大风云浙商""中国推进城市化进程十大突出贡献者""浙江省房地产十大风云人物"等荣誉。

对话祥生集团总裁赵红卫

想得明白、做得坚决的祥生模式

———

从发家诸暨，到总部迁往杭州、深耕浙江，进入江苏、安徽，再到全国化布局，复合增长率超100%，2018年剑指千亿。祥生以几何级成长速度，成为浙系企业中一匹"黑马"，也是冲击千亿的有力竞争者。这次对祥生集团总裁赵红卫的访谈，我们想挖掘的是，以深耕三四线为核心战略的祥生，在布局路径选择和下沉实践上有何独特的亮点和启发意义？它的核心竞争力在哪里？

一、城市选择标准：低容积率保溢价，市场导向看活力

虽然祥生近两年处于拓展规模的重要阶段，但不是盲目扩张、扩大盘口。对于城市进入的判断和选择，祥生想得很清楚。

从祥生在售项目和近半年新增项目的分布来看，除杭州、宁波和温州等房企进浙江的首选城市外，绍兴、湖州、衢州、舟山等非热门城市都在榜，且项目还占多数。是因为对绍兴有发源地情结吗？祥生对浙江城市的选择标准是什么？

表1　截至2018年6月，祥生在售/预售项目省内分布情况

省内布局城市	项目个数（个）
绍兴（含诸暨）	24
杭州	12
湖州	8
衢州	7
台州	7
嘉兴	5
宁波	3
舟山	3
温州	3

数据来源：企业提供

赵红卫说，祥生选择城市的一个重要因素是能够产生高溢价。三、四线城市的市场总量其实是不大的，祥生在其中占据市场份额，不是靠拿大体量项目，更多是靠高溢价带来业绩。所以能够做高溢价产品的城市对祥生来说才是有布局价值的。这也正与祥生的产品定位相吻合——"做一、二线城市（大都市圈）周边，三、四线城市的改善者"，极少做刚需产品。

低容积率是提升溢价的最直观指标。我们通过对浙江省各城市住宅项目平均容积率的统计（见表2）发现，上述的绍兴、湖州、衢州、嘉兴、舟山等城市，均属容积率偏低的城市。

表2 浙江省地级市住宅用地平均容积率

城市	容积率	城市	容积率
丽水	1.4	宁波	1.9
湖州	1.7	衢州	1.9
绍兴	1.7	杭州	2.0
嘉兴	1.8	温州	2.2
舟山	1.8	台州	2.2
金华	1.8		

数据来源：克而瑞

祥生布局项目最多的绍兴诸暨最为典型。当地2015—2017三年推出的土地容积率都只有1.5左右，鼓励企业在产品上创新，进一步拉升改善需求，这给了祥生提升溢价的空间。祥生2016年在诸暨拿了50多万平方米的土地，平均容积率在1.4，后来又持续加仓。在诸暨当地刚性需求已经饱和的情况下，创造出吸引周边人口的改善产品，每年能贡献100多亿元的销量。"今天看三、四、五线城市，往往不是缺供应，而是缺满足人们美好生活需求的产品。所以三、四、五线城市依然有利可图，依然能为规模跑量。"

所以，对祥生而言，虽然地方政府在有些城市放地多，但是容积率偏大，形成不了产品差异，容易陷入红海竞争。赵红卫称将放弃在某些城市的布局，就是这个原因。

祥生的另一个选择城市的标准是市场导向，"市场活力先于经济实力"。赵红卫认为，一个城市的房地产市场好不好，与当地的经济水平有关系但没有必然关系，房地产市场表现才是进入这个城市最需要考虑的。祥生选择城市的逻辑就是市场导向，能不能实现快速去化是硬指标。房地产市场消费不活跃，投资价值就难以体现。

从具体的城市选择来看，祥生更看重一、二线城市外围和三、四线城市，因此企业提出了"拥抱大城市，做深小城市"的战略。一、二线城市方面，在北京、上海、杭州等地多点布局，寻找城市40分钟轻轨生活圈，选择城市轻轨的延伸点，提前布局。三、四线城市方面，布局上海、杭州、南京等一、二线大城市周边高铁30分钟可到卫星城市群，承接大城市外溢的客群。在当今大都市圈的发展环境下，这类城市将成为企业未来的重要"货仓"。

二、在三、四线城市的深度下沉和高效管控

三、四线城市有越来越多企业进入，竞争越来越激烈。实战见功力，谁能在三、四线的深耕中打磨出深度下沉、产品适应、节点把控、打破当地壁垒、确保报批报建流程通畅，以及人员管控和人才吸引力等一系列能力，谁就能占据竞争优势。三、四线贡献业绩占到90%的祥生，有一套很独特的操作。

1.20%到30%到40%，做熟做透城市

对深耕型城市的打法，祥生做得很极致。首先要确保在当地的市场份额。祥生考核城市公司，最重要的指标不是业绩，而是市场占有率。深耕城市的市场占有率要求做到30%，并且持续做熟、做透城市，这是比深耕更高的要求。

- 市场占有率达到20%，这个叫城市做熟；
- 市场占有率做到30%，才叫做到了城市深耕；
- 市场占有率做到40%甚至更高，称为做透城市。

祥生的逻辑是，既然选择深耕，就是要扎根下来，不计较一盘得失，而追求和整个城市共发展，洞察人居需求，不断迭代优化产品，做当地的美好生活运营商。在"根据地"战略下，持续拿地，不断地扩大区域版图和市场占有率，这样获得的是战略性的机会，而不是"割韭菜"式抓一波短期的高利润。比如2017年1—11月，祥生在诸暨、泰兴、南陵的城市销售市场份额占比分别达到45%、25%、26%，在小城市能达到这样的市场占有率，在整个业内也比较少见。

2.如何做熟做透——四全打法

如何快速占领市场、做深做透城市，祥生用的是"四全打法"，即全域覆盖、全类产品、全龄客户和全位服务。

- 全类产品，即在一个城市里，业态和产品的种类是齐全的；
- 全域覆盖，即城市不同区域都有项目；
- 全龄客户，即祥生在根据地提供全年龄段、全生命周期的产品供应；

·全位服务，祥生有自己的物业服务、酒店、超市、养老和各式小镇文旅服务，在根据地城市，祥生基本上提供了围绕城市开发运营的全服务体系，形成了完整的产业链。

这样一来，祥生在根据地城市的绝对优势就很难被撼动。赵红卫说，一线大房企在这些城市都未必能竞争过他们。

3.战斗力：深耕术的厚积薄发

在项目执行中，祥生团队的战斗力得到了锻炼，也因此成了祥生的一大优势。针对不同的城市类型，祥生科学安排了不同的执行节奏，做到了整体的合理把控。

·针对新进入城市，祥生在前期对土地、市场、客户、政策做足调研，开发节奏稳中求进，确保高效率落地，高品质亮相。

·针对深耕城市，因为有了一定的熟悉度和各方面经验，标准会再提高。通过全流程高标准运作，开发效率大大提高。

·针对成熟的根据地城市，由于长期深耕，已对当地市场需求把握更为精准，产品线比较完善并经过市场锤炼，再加上整合资源的优势，团队经验丰富，能够用更短的时间完成产品方案，加快营销节奏，实现快速去化。

这种速度带来的高效推盘，节省了大量的时间和资金成本，也让团队的战斗力持续获得锻炼，更确保了祥生的发展是可持续的、健康的。祥生的周转不是单纯的追求速度，而是基于对市场足够了解的深耕术和工作前置化的有效推进。用祥生内部的话说："高效，源于深耕术的厚积薄发。"

4.如何确保快而不出错——五个前置

确保快节奏的有序转动，需要的是对整个产业链资源的提前整合和运筹帷幄。祥生能够快而不出错的强大保障，是"五个前置"，即团队前置、产品前置、采招前置、金融前置和营销前置。"五个前置"的目的是要保证在拿地前做到12个"定"，这又需要遵循三个原则。

其一，刚性原则。如果一线员工去拿地，没有做到至少四个前置，原则上就不能上会。比如拿地前，需要做到预招投标选定好施工单位，同时团队前置要求、项目老总和七大员都到位。即团队前置定编、定人。

其二，量化原则。即对五个前置有个量化的指标，每个前置设置了一个权重分值，拿地之前要分类打分，比如团队前置30分，设计前置30分，金融前置20分，采招前置20分。设计要完成定标、定案，采招要完成定队伍、定目标、定方案。

其三，细化原则。祥生"五前置"不是简单的规范，而是每个前置都细化得非常清晰，规范。以新增加的营销前置为例，要求做好定案名、定"销售三宝"（售楼处、示范区、样板房）、定首开，金融前置要做好定对策、定方案。

"五方面做到位了，确定拿了这块地符合祥生的发展战略，才会决定去拿。"做到五个前置，基本把工作提前了一个月左右，且落地性更强。

5.在三、四线怎么留住人？

赵红卫表示，祥生目前处在战略上升期，具备包容开放的企业文化，强调学习型组织，是业界精英充分发挥的"好战场"。

在标准化管理和人才激励上，祥生出台了一系列制度，包含决策机制、纠错机制、用人机制、责任机制、人才培养和激励政策。比如在城市公司总经理的任用方面，祥生考虑最多的，是人选是否具备优秀的落地执行能力和维持公司基本战略不变下的灵活应变能力。

激励则包含五个维度的内容：基础薪资、绩效奖、成就梦想、过程中的绩效、跟投。设置拿地贡献奖、提前开盘奖、集中货量开盘奖、开盘达标奖、资金贡献奖等奖项，锁定开发链条，充分服务一线，让真正有贡献的人才随时随地都能分享收益。

> **刘晨光：**深耕城市，人员有多少是本地的？
>
> **赵红卫：**我们鼓励人员构成本地化，一般工程管理人员、前期人员是本地的，产品和运营一般是集团外派或者从能级更高的城市外聘。这样既确保高度，又确保落地性。

三、进入重点二线城市，对冲大本营风险

祥生从2014年提出"立足杭州，深耕浙江"，城市布局就一直在浙江省内高度聚焦，2017年浙江的销售贡献占到了70%。浙江三、四、五线城市有天然优势，适合企业深耕扎根，11个地级市，50多个县级市，很多县级市每年都能有50亿元的销量。在浙江放开发展，一个省份就能做出千亿的规模。

但是赵红卫的看法是，祥生在奔千亿征程，不宜在浙江、江苏、安

徽过于集聚，应收款过于集中不利于快速发展，况且其他地方城市的机会一样多。

并且，行情轮转，三、四线的这波行情不会是一劳永逸的，企业要做全国化的布局。祥生从2018年开始真正意义上完成全国化布局，除了苏浙皖三、四线，还在全国范围内挑选了人口集聚、能力强、自身产业基础好的重点省会城市、弱二线城市和优质三、四线城市。比如2017年布局贵阳、西安、济南，2018年实现了九江、聊城、盐城等城市的首次进入，不断扩大版图。在赵红卫看来，在这些城市的布局，是对祥生在苏浙皖布局三、四线之外的有力补充和风险对冲。

> **刘晨光**：三、四线城市最怕出现的情况是一把供应过大、打崩价格，陷入长期调整。
>
> **赵红卫**：三、四线城市的体量相对来说就小，遇到行情波动到低谷，对企业的打击是很大的。我们一方面稳扎稳打，一方面放眼全国寻找适合祥生的城市。

那么祥生在浙江三、四线深耕的成熟模式可以复制吗？赵红卫的解释是，复制到江苏、安徽没有问题，但是到中西部地区打法不一样，在中西部地区往往要"自上而下"，先占据当地能级高的"堡垒"城市，再根据对当地的适应和熟悉延续到其他城市。这是因为，同一能级的城市，中西部地区相比浙江、广东这些地方，客观上经济发展水平和房地产市场活力都是偏弱的，甚至很多省份除了省会城市，其他城市都不具备房地产投资价值。

比如有房企区域公司在内蒙古拿了大片土地却没有市场，一年才产出30多亿元的销售额。原因是这些房企根据公司战略选择进的都是三、四线城市，出发点没错，但是当地并不具备预期的消费水平，像呼和浩特、包头这种较大城市才是进入内蒙古市场应该优先选择的。

四、拥抱大城市，布局活跃的都市圈城市

都市圈经济是中国未来重要的经济增长点，也是房企布局的一个重要趋势。国家为了控制大城市的规模，不再单一限制大城市，而是扩大大城市的外延，令其和周边50公里范围内的小城市一起发展。

赵红卫表示祥生已经在顺势而为：拥抱大城市；围绕一、二线城市化的周边生长带快速布局，或者说是受一、二线城市"强辐射"的城市。比如上海周边的嘉兴、湖州、南通、张家港，杭州周边的绍兴、宁波、台州。"快速发展的都市圈经济正在逐渐改变城市发展的格局。祥生要选择到中心城市的周边去，到有人口基数、有经济活力的城市去。"

刘晨光： 城市圈的核心城市要有格局，带动周边城市一起来，配套政策不可或缺。但是现在有个悖论，要带50公里内的区域一起玩，国家并没有给政策，反而存在不少进入门槛。投资都市圈对房企来说是长期机会。提前布局以保未来的发展，当下就要牺牲流量，如果确保今天的流量，有些地方就不能进，地太贵了。这是一个要现在还是要未来的选择。

赵红卫： 不仅是核心城市要有格局，周边城市更要开放姿态，积极融入。比如诸暨要想办法融入杭州，要吸引全省乃至全国想进杭州又进不了的年轻人，它就要放开人口进入和买房政策，提供廉价的办公成本，甚至是金融支持。所以萧山房价2万元，诸暨房价1万元，交通就差15分钟，这个空间是可以想象的。

再比如绍兴，作为杭州都市圈的成员之一，它的利好将进一步体现。缘于杭州和宁波城际铁路的联通，以前绍兴位于杭甬中间，虽有铁路经过，但只有几分钟的停留，并未带动绍兴的发展，现在通了城际铁路，一天有30多趟，给绍兴注入的活力完全不一样了。

"对都市圈中心城市的溢出，已经从无序承接发展到了定向承接。"赵红卫看得更透彻。上海就如同一个饱和的气球，里面有人、产业、金融等很多元素，这些元素向外释放的能力和意愿是不一样的。周边城市承接需求溢出是相对被动的，有人来就建房子，有产业来就发展产业区。现在的城市应该根据自身发展的需要，对溢出进行最优选择，并主动创造条件去承接某一种需求。比如上海有450万老年人口，康养营造和政策支持能不能定向地吸引他们。看明白了这一点，祥生在康养小镇上就能做得更坚定。

五、聚焦改善需求，在三、四线实现"降维打击"

祥生有着浓厚的浙系产品基因和优质的服务体系。

深耕浙江三十余载，祥生在这个特殊的市场中历练了品质的营造能力，有着不俗的口碑。目前已经形成了几大产品系：府系、樾系、新语系、悦系、城系、春晓系。

在服务上，祥生基于"幸福生活运营商"的理念，研发了"趣生活"全生命周期全龄段服务体系，通过趣城社区全龄硬件与幸福派全生命周期服务理念，为业主打造休闲、娱乐、健康、有料的理想生活示范区。全龄化的"趣生活"服务体系包括四点半课堂、幸福食堂、健身中心、夜光跑道等。

崛起中的浙系房企

- 幸福书吧
- 四点半课堂
- 幸福健身中心
- 幸福食堂
- 幸福会客中心
- 幸福驿站
- 老年沙龙
- 幸福菜场
- 幸福工坊
- 幸福健康中心

- 奇趣路灯
- 百变花车
- 趣语路标
- 装饰垃圾桶
- 声影互动
- 音乐早喷

趣场景	趣街景
Scenes	Street View

- 童趣广场
- 跳跃童年
- 海洋世界
- 欢động草坪
- 魔幻迷宫
- 欢乐广场
- 农夫乐园
- 卡通绿植
- 趣味涂鸦

- 逗趣球场
- 七彩跑道
- 萌宠家园
- 碧波泳池
- WIFI广场
- 个性车位
- 浪漫花海
- 趣雾森林

- 颐年林荫
- 露天棋语
- 康健操场
- 趣语客厅
- 林语漫步

儿童	中青年	长者
Children	Young	Elder

- 投诉
- 建议
- 报修

- 会员卡
- 趣部落
- 工程播报
- 商业联盟
- 积分商城
- 400热线转接

- 购房优惠
- 积分兑换
- 会员专属活动

400 客服热线	手机 服务端	专属 会员福利	邻里 和睦公约
400 Customer Service	Wechat Client	Welfare of member	Peace treaty

400平台 　　祥生会 　　幸福公约

趣街 iBLOCK
（商业配套逸趣化）

趣园 iSCENE
（景观园区趣味化）

幸福派
（全龄服务定制化）

- 旋转分区鞋柜
- 开放式预留空间
- 常用杂物收纳屉
- 万能挂钩
- 一键多功能开关
- 玄关多孔插座
- 鞋柜内置插座
- 应急工具箱

- 中央式暖风机
- 除菌电热毛巾架
- 电热梳妆镜
- 数控恒温龙头
- U型卫浴柜
- USB直充插座
- 多功能置物架
- 防溢水凹槽

- 室内静音门锁
- 多功能分区衣橱
- 感应护航小夜灯

- 全屋定制LED
- 全屋防潮防霉技术
- 飘窗备用插座

- 社区智能物联网
- 天使手环
- 全景摄像设备
- 灯光引导停车
- 远程门禁系统
- 远程呼梯
- 人脸识别系统
- 智能快递柜系统

- 家居局域网
- 新风技术
- 恒温地暖
- 远程手机监控
- 智能监控
- 智能门锁
- 智能环境感应
- 智慧氛围灯光
- 智慧背景音乐
- 智能窗帘
- 智能红外感应
- 智能中央空调
- 智能马桶
- 智能魔镜
- 智能热水器
- 智能冰箱
- 智能油烟机
- 智能灶具
- 智能燃气报警
- 智能渗水报警
- 智能洗衣机
- 智能衣架

- 餐厨收纳拉篮
- 转角多功能拉篮
- 柜门内置挂架
- 餐具综合收纳屉
- 备用品收纳
- 水槽柜内置插座
- 直饮净水装置
- 吊柜下置工作灯
- 一体式大单槽
- 360° 全方位龙头
- 垃圾粉碎装置

- 阳台定制吊柜
- 阳台备用插座

- 儿童功能型储物柜
- 墙角安全弧形设计
- 防触电安全插座

- 入户挂钩

- 1.2米加宽门设计
- 下拉式储物柜
- 助力安全扶手
- 专业防滑地砖

入户	玄关	厨房	卫生间	卧室	阳台	全屋	儿童空间	适老空间	社区智能	家居智能
Home	Entrance	Kitchen	Bathroom	Bedroom	Balcony	Whole House	Children's Space	Elderly Space	Community Intelligence	Home Intelligence

室内精装 　　　　　　　　　智慧空间

趣家 iHOME
（家居生活趣味化）

图1　祥生"趣生活"服务体系

祥生一直认为，业主对家的需求，不因城市的等级而有所不同。无论是一、二线城市还是三、四线城市，业主们都需要更多的"获得感"。而这种获得感，应该来自产品的溢价和服务的周全。

所以祥生一直以来主打一、二线城市周边及三、四线城市的改善产品。在一、二线城市周边，祥生结合当地的人居升级需求，打造了一批颇具特色的产品，如杭州的群贤府、云溪新语等。在三、四线城市，祥生更关注改善需求，将一、二线城市的优秀产品带入三、四线城市，实现了产品力的"降维打击"。"同等面积比功能，同等功能比配置，同等配置比细节"，是祥生在面对周边竞品时的产品逻辑。

比如诸暨的西湖公馆。诸暨房价均价维持在9000—10000元每平方米，而祥生·西湖公馆则将均价定在了14000元左右。2017年11月项目首开至2018年9月，不满一年整盘去化率高达九成，这得益于祥生在一、二线城市锻炼出的产品营造能力。从民国风新中式的建筑风格到顶级景观示范区、样板间的打造，再到祥生特有的幸福派和趣生活风格，对产品的精雕细琢、对楼盘仪式感的营造，西湖公馆在这个五线城市实现了高出同行的水准，实现了"降维打击"。

图2 祥生·西湖公馆效果图

图3　祥生·西湖公馆样板区实景

此外，祥生积极进行产品创新，不断完善新的产品体系，而且提出整个集团70%的产品要标准化，30%的产品要创新。

首先，不是所有项目都要做创新，而是要和当地的需求特点相匹配，也要和祥生在这个城市的打法相匹配，比如在机会型城市实行快进快出打法，快速回笼资金比建立品牌更重要。其次，不盲目推崇高端，而是看城市、分梯度，实行差异化战略，深入研究不同城市的需求特性，针对城市不同需求进行专属定制，不断完善产品体系。

赵红卫：大家对高周转的开发商有一个误解，认为公司运作快了，产品就跟不上。祥生的快周转前边有"五个前置"做保障，在拿地前我们就确定好了这个项目的产品梯度、设计方案和采招、营销等环节，先快后慢，开盘前抢速度，开盘后保品质。通过缩短决策期，加上制度的保障、团队的高战斗力，以比行业更快的速度高质量完成产品的建造和销售。

六、特色小镇聚合产业势能，打造高维度竞争力

小镇是祥生的重要战略板块之一。与多数房企将小镇作为项目拓展的一个渠道不同，祥生将小镇开辟为一条新的独立战线，2016年就成立了祥生小镇集团，深耕小镇领域。这种将小镇业务独立运营的做法，在业内多见于综合实力强的规模房企，比如碧桂园成立产城事业部、绿城中国成立小镇集团、华夏幸福成立产业小镇集团。

这与政府对小镇开发运营的要求高有关系。各地政府都希望开发商能有拥有综合性更强的能力，包括产业导入能力、人口导入能力、新型城镇化能力等。2016年"特色小镇热"兴起之后，房企纷纷进入，有些是观望试水，那些本身具备产业链优势和综合运营能力的房企，则动作幅度更大、更坚定。比如万科、恒大、碧桂园、绿城、华润等。

祥生小镇的发展颇受业内瞩目。两年间，祥生小镇立足长三角，拓展长江经济带，强驻中西部地区，已在全国16个城市布局30多个小镇项目，包括体育小镇、文旅小镇、影视小镇、康养小镇、乡村综合体小镇等多种类型。其中，诸暨春风十里休闲小镇、衢州楼云体育小镇、贵州开阳硒谷小镇等项目已落地运营。

祥生小镇集团以较快的速度推进小镇业务，除了母公司祥生地产的实力和品牌背书外，还有哪些优势？

首先是依托集团的产业链支撑。

第一是酒店。祥生旗下有一个酒店管理公司，已经有三条产品线，即五星级或者轻奢五星级酒店品牌、商务酒店品牌，以及针对祥生小镇目前所需要的一些住宿业态生产的产品，包括房车营地、民宿等。另外，祥生和浙旅、花间堂建立了合作关系，未来还会和一些国际级的度

假村品牌形成合作。通过内外酒店资源组合和酒店接待能力的构建，祥生形成了酒店板块的构建能力。

第二是康养。康养是特色小镇的一个重要组成部分，也是未来度假旅游的一个发展方向。目前，祥生已和国内外一些具有巨大优势的康养机构形成了战略合作伙伴关系。

第三是体育。"体育+旅游"是目前国内文娱产业的发展方向。在这个方向，祥生收购了一家体育公司——楼云体育。楼云是浙江体育界的代表性人物，这些年也一直在做体育产业方面的工作。祥生控股楼云体育是希望通过楼云在国内体育界的广泛资源和人脉来组合国内体育资源，进而形成祥生体育板块的构建能力。

其次是打通外部内容和供应商资源。

在头部资源能力的构建方面，祥生根据大家关注的热点IP做了相关拓展，比如和国内目前规模最大的动漫企业——奥飞娱乐签署战略合作协议；在中端资源方面，和国内主题乐园的设备开发商、设备研发商——恒润形成战略合作；在第三方资源方面，祥生和国内一些比较优异的主题乐园运营单位形成合作。通过自身能力的打造和外部能力的组合，祥生初步形成构建主题乐园的基本能力。

春风十里小镇位于诸暨市东和乡十里坪村，是一个集生态农业、主题游乐、度假旅居于一体的休闲胜地。依托镇村深厚的文化底蕴、优越的地理位置和景观优势，充分挖掘"特色资源"，春风十里小镇在2018年春节试营业期间一炮而红，成为名副其实的"网红度假胜地"。

赵红卫介绍："春风十里小镇有两个地方值得大家看。一是祥生是如何做到让游客在这里住上三天两晚；二是春风十里小镇不仅仅是一个休闲度假小镇，更是祥生小镇乡村振兴战略的一个缩影。"从祥生对诸暨乡村振兴示范区"以点带面，三镇一区"的全局战略来看，春风十里小镇的意义不仅在于它承载着休闲度假的功能，还在于通过乡村旅游以点带面，政企全面合作引导村庄产业布局，从而实现乡村全面振兴。

图4　祥生春风十里小镇实景图

对于祥生而言，小镇是一个新课题，着眼于未来，一定不是现在追求流速，而是要与中短周期的住宅项目长短结合，两条腿走路，是祥生持续稳健成长的顶层设计。同时通过小镇项目的运营，集聚产业势能，打造更高维度的核心竞争力。

七、扩大融资渠道，应对金融紧缩

作为TOP50强房企中为数不多的未上市的房企，祥生的财务运营状况如何？赵红卫介绍，相对于行业平均水平，祥生的总资产负债率较低，这得益于高效周转带来的现金流快速回正，比如2018年6月份之前拿地的项目，当年就能完成85%的去化，资金高度滚动，利用资金的间隙去拿地，就快速解决了拿地资金的问题。从某种意义上说，"祥生的钱在市场里"。

祥生的融资方式很大一部分采用银行、信托、私募模式，随着公司发展，祥生运用发债、ABS等模式融资，进一步扩大融资渠道，降低融资成本。

此外，祥生有着良好的开放心态，但也有选择性地引进战略合作方，主要有三大类合作方，一是50强以内的规模型房企，强强联合；二是资源互补、管理规范的国有房企及上市房企；三是理念相近价值观趋同的的区域领先房企。赵红卫坦言，祥生是从2017年真正开始与外部合作的，如果能进一步放开合作，在其操盘能力、产品溢价能力的优势加持下，将会发展得更好。

....

祥生成长在三、四线城市，对应的是改善需求，它创造的商业模式和运营战略，形成了特别优势，恰能够在今天这个时间点迎合上大环境。难能可贵的是祥生没有犹豫，想得明白，做得坚决，这才形成了核心竞争力。目前祥生已经进入下一个发展阶段，如果能持续成功，一定会成为行业中的佼佼者。

赵红卫有个形象的比喻，房企的发展路线就像一条波浪线，峰顶的时候"人+山"是仙，谷底的时候"人+谷"是俗，不可能一直做仙人，也不可能一直做俗人。如何在时代变迁中，保有穿越行业轮转的能力，持续发挥追赶和领先优势，是对所有房企的考验。

企业发展历程

1993年 ● 诸暨市祥生实业开发总公司成立

1994年 ● 浙江祥生实业集团有限公司成立
浙江祥生房地产开发有限公司成立

2000年 ● 成立祥生物业管理公司

2003年 ● 进入上海
提升为无区域集团
实施全国化战略

2004年 ● 公司取得国家房地产开发一级资质

2010年 ● 荣获"中国房地产百强企业"

2011年 ● 祥生物业获批物业服务企业一级资质

2014年 ● 总部迁到杭州，逆势加大，囤积三、四线

2015年 ● 开始弯道超车，年销售首过百亿元

2016年 ● 进入特色小镇开发领域，成立祥生小镇集团

2017年 ● 连续8年蝉联中国房地产百强，名列第47位
全年销售额超600亿元，并在下半年提出千亿计划

2018年 ● 荣获"2017—2018年中国房地产土储增速领先企业"
明确年度千亿目标

企业多元化涉及领域

/ 特色小镇 / 2016年率先进入特色小镇开发运营领域，成立专门的运营公司祥生小镇集团。紧随美丽中国、乡村振兴战略的指引，围绕"宜居、宜业、宜游、宜养"核心理念，定位打造田园牧歌式的新型卫星城镇，目前已在全国16个城市布局30余个小镇。与浙旅集团、浙江农发集团、浙医大、花间堂等专业机构深度合作，整合主题乐园、酒店、农业、体育、医养、乡村振兴、教育、地产、物业九大资源体系。

/ 康养 / 康养是特色小镇的一个重要组成部分，也是未来度假旅游的一个发展方向。目前，在康养板块和国内外的一些具有代表性的、具有巨大优势的康养机构形成了战略合作伙伴关系。

/ 体育 / 体育其实也是康养的一个重要组成部分，"体育+旅游"是目前国内文娱产业的发展方向。在这个方向，祥生收购了一家体育公司——楼云体育。楼云是浙江体育界的代表性人物，这些年也一直在做体育产业方面的工作。祥生控股楼云体育是希望通过楼云在国内体育界的广泛资源和人脉来组合国内体育资源，进而形成祥生体育板块的构建能力。

赵红卫
祥生集团总裁

1966年出生于浙江省诸暨市。1984年至1995年在学校任教。2004年加入祥生房产，2004年至2013年任泰兴祥生置业有限公司总经理；2013年任浙江祥生房地产开发有限公司总经理，全面负责集团公司的经营管理工作；2014年任祥生实业集团有限公司总裁。

对话佳源集团董事长沈玉兴

另辟蹊径的黑马——
大手笔开展收并购，
大格局布局国内外

在近两年崛起的浙系房企中，佳源似乎是后位梯队，业内对它的认知大多仅限于是一家总部在嘉兴的浙江房企，在很多城市可以看到它的项目，但对企业不甚了解。实际上，低调潜行多年的佳源，发展早已超出了我们的认知。

·规模上，跻身全国40强。从2015年开始，每年保持80%以上的增长率，到2017年销售业绩达到508亿元。2018年提出千亿目标，基础是比较稳固的。

·收储上，收并购是获得项目的主要方式，占到总项目数的一半以上，也是行业内最早开始大规模开展收并购的企业之一。

·布局上，具有全国化和国际化视野。早于多数房企开始全国布局，足迹遍布23个省份120多个城市，甚至包括我国香港、澳门地区，覆盖了一线城市和多数核心二线城市。拓展海外市场，先后进入澳大利亚、越南、柬埔寨等国家，未来计划海外规模占到总规模的三分之一。

·产业上，实现多元化、证券化发展特色。十一家集团公司，涉及地产、电器零售、医疗养老、文化旅游、矿产开发等众多领域。5家上市公司，被大公国际评为AA+的信用等级，在资本市场的表现可圈可点。

·品牌上，为浙江房企前三强。品牌价值获得行业认可，根据中房研协最新发布的测评结果，蝉联2018中国房地产开发企业浙江省前三强。

在这场和佳源集团董事长沈玉兴先生的对话中，我们惊喜地发现这家神秘的、正在快速崛起的企业，另辟蹊径练就了核心竞争力。下面我们一起来详细了解它独特的发展路径和优势。

一、粮草充足，千亿佳源的底气

对于业界来说，佳源提出千亿目标让人颇为意外，这家一向低调的房企，除了在嘉兴稳居第一、在浙江动作颇多外，似乎还没向外界过多展示它的实力。实际上近几年佳源积极增储，从2015年开始，每年保持80%以上的增长率，2017年销售业绩达到508亿元，跻身全国40强。2018年提出千亿目标，更要求佳源达到100%的增长速度。

突破千亿的压力值有多大？沈玉兴告诉我们，千亿目标是在货值充足的情况下提出的，佳源预计2018年能完成2700亿元货值储备。按照两年去化情况，2018年实现千亿势在必行，后续的千亿之路也有了支撑。

佳源2018年调整了以三、四线城市为主的布局策略，开始向一、二线城市倾斜，比如新进入北京、贵阳、南昌、乌鲁木齐，加仓上海和天津，截至2018年6月，佳源在一、二线城市货值已占到60%。在房地产非标准融资受到抑制的情况下，二线城市的金融环境比较有优势，表内融资不仅安全稳定，而且金额力度更大，能为现在企业融资和发展规模提供更好的支撑。

刘晨光：在房地产非标准融资受到抑制的情况下，二线城市的金融环境比较有优势，表内融资不仅安全稳定，而且金额力度更大，能为现在企业融资和发展规模提供更好的支撑。现在几乎所有浙江企业都在抢滩进入核心二线城市，我们判断2018年晚些时候或2019年，会迎来二线城市土地补库存和价格回落这样一个适宜拿地的黄金交叉点。

其中，省会城市是沈玉兴考量的重点。在他看来，房地产在人多的地方才有发展机会，中国的省会城市人口至少有几百万，且多为人口净流入，稳定性和健康度比较好。

做的比说的多，看来佳源已经做好了粮草准备，冲千亿的底气不言而明。

二、全国化和国际化布局的大格局

佳源集团发展迅猛，截至2018年10月，业务遍及国内20多个省的120多个城市，覆盖了一线重点城市和多数核心二线城市，并以此为基础拓展海外市场，先后进入澳洲、越南、柬埔寨等市场。

在沈玉兴的讲述中，我们看到了一个具有全国化和国际化视野的佳源。

全国化方面：1995年从吴根越角的嘉兴起步，佳源早在2002年就开始走出省内、布局全国，这比大多数今天看来已是第一第二梯队的全国化房企都要早，更领先于奉行大本营深耕政策的大部分浙系房企。以下两组数据可以看出佳源在全国范围内布局的广度和深度，这在浙企中是比较少见的。

·佳源在省外布局城市数量是50多个（地级市）。而同等规模浙企这一数据在10—30个。

·佳源2017年各省市贡献的销售业绩比例，浙江45%，江苏25%，安徽20%，其他10%（包括广西、湖南、山东、辽宁、重庆等）。而同等规模浙企在浙江的业绩占比为70%—90%。

国际化方面：佳源2014年开始海外布局，目前已经在澳大利亚、越南、柬埔寨等国家落地近20个项目，还在尝试进入新的国家，"未来佳源的海外地产规模将占到总规模的三分之一"。2016年，佳源集团关联公司博源控股成为澳洲首家也是规模最大的中资上市房企，同年收购澳交所上市公司联合锡矿，以此在海外资本市场占据一席之地。

从三、四线到一、二线，从省内到省外，从国内到国外，佳源的布局特色源于对城市轮动下机会和风险的把握和企业居安思危的性格。在沈玉兴看来，房地产市场是一个整体，不存在三、四线一直好，一、二线一直差，也不存在浙江一直好，中西部一直差，这是地产的规律，企业要用更广的视角看待房地产市场。城市有周期，区域有周期，甚至国家也有周期，机会和风险从来都共同存在，能否理性判断和提前准备非常考验企业的能力，前提是要看清城市的真相。他列举了下面几个点。

·很多投资热门城市都是恐慌性买房，提前透支消费，之后的需求量还有多大，这是企业要着重注意的问题。

·很多城市的去化周期，是用短时期内畸高的非正常消费量来计算的，用这个城市的正常、稳定的消费水平去看，才是合理的。

·很多城市的土地实际供应量都比公布出来的供地指标要大，因为有一些供应不计入指标，比如复垦部分。

·国外也有机会，企业要有一个跨国界的"投资价值等高线"，德国大众当年进入中国时也没想到几年后会有这么大的市场。

三、收并购的大胆践行者，助力规模增长

房地产收并购热潮起于2016年，标志性事件是融创收购联想地产业务。沈玉兴告诉我们，佳源的收并购开始得更早，2014年前后就在全国

范围内通过收并购获取大量项目。近几年收并购一直是佳源增储的主要方式之一，由此获取的项目占到佳源所有项目的一半以上，2016年甚至占到了70%。除了在苏浙皖加仓，佳源还以此方式进入北京、天津、南昌、重庆、贵阳等全国重点一、二线城市，提升开发项目城市能级。可见，收并购是佳源在面临招拍挂市场的激烈竞争下，快速布局全国、实现规模高速增长的重要原因。

收并购的一般是本身就存在难度的项目，佳源接手的多是城中村改造项目和综合性项目，前者多存在拆迁的繁冗，后者多存在定位失误或者有难销售的业态，这些项目的投入产出比往往不甚乐观。佳源为什么在别人都不碰的情况下大规模展开收并购？

第一，佳源有进一步发展的决心和对后市的理性决策。2014年前后，佳源面临突破瓶颈的关键时期，发展是解决问题的根本途径，佳源对增储有迫切需求。在当时行情不好的情况下，很多企业和项目面临困境，这时候收并购就有很多机会。佳源对行情上升持乐观态度，"抄底"入手很多项目，为后续爆发做好准备。

第二，进入一个新城市，面临本土房企和外来品牌的竞争，相较于主流招拍挂市场，通过收并购更容易获得项目。

第三，佳源收并购项目的前提是能够消化项目。佳源有一套内控指标，只有一个项目能够满足6个月内开盘且现金流达标，才会出手。沈玉兴坦言，很多收并购项目已经是建设甚至运营阶段，比新项目更快。

能够斩获和消化这么多项目，佳源的优势在哪里？

一是决策和执行效率高。佳源没有设置专门的收并购团队，而是将收并购作为各个地产集团公司获取项目的常规途径。在集团公司权限内的事情，总裁直接决策；需要上级决策的，老板能够快速拍板，甚至一个电话就能定下来。项目执行时，团队思想高度统一，遇到问题不抱怨，层层解决。这样一来，佳源往往能够较竞争对手先出手。

不难看出，高效决策和统一思想是佳源在收并购上大展手脚的保障。这背后是企业授权到位和老板"不计较"的格局，对职业经理人的信任度高。

二是得益于多元产业的支撑。佳源是一个全产业链的综合性集团公司，开展收并购比单纯的开发商有利。地产板块之外有独立运作的商业集团、物业集团等，能够为收并购项目的"疑难杂症"提供专项支持。比如碰到商业项目的方案和运营问题，由商业集团来负责，过程中地产集团是听命于商业集团的。并购的项目即便不卖，也可以由成熟的商业集团来运营。大家目标一致、合作一致、分工明确、权责明确、效益明确，各个集团都能被激活。

三是资源方和合作方的认可度高。2017年11月，佳源集团被大公国际资信评估有限公司评为主体长期信用等级AA+（企业债券评级一般分为9个等级，其中AAA、AA+属于金字塔顶端的企业，也是债市承揽商争抢的对象。目前，国内能获得AA+评级的企业全国仅800多家，大多属于央企、有实力的上市公司或地方国企，民营非上市房企能获得AA+评级的，实属凤毛麟角。从企业评级的现状来看，佳源集团属于优质企业的第一梯队），获得资本市场的认可，因此在融资上颇具优势。据了解，佳源集团2016年发行公司债券44亿元，2017年发行公司债券18.9亿元、购房尾款ABS（资产担保债券）17亿元，已申报注册15亿元超短融，已申报待注册35亿元中票。2018年，佳源集团顺势开启银行间市场多元化战略创造优质企业资产发债，已发行超短期融资券5亿元。截至2018年中，佳源集团存续期债券余额82亿元。良好的资金状况和运营能力，使合作方愿意与佳源开展收并购合作，将项目的运营交给佳源。

四、标准化助推品质，产业化升级产品

作为浙系企业的佳源，同样秉承品质为企业的核心价值观。"品质"作为一条主线，贯穿在佳源二十余载的发展历程当中。

在确保品质保持领先地位上，佳源形成了产品标准化体系进行快速推广，并且积极进行产品创新、科技创新。

第一，较早地形成了产品体系和标准化流程，在品质上的优势得以快速复制和推广。

第二，成立中央研究院，对重点布局的19个城市的人文风俗、居住习惯、市场需求和优秀项目进行深入研究，并每年进行修正，指导各集团公司在各地做出更好的产品。

第三，积极推进产品创新。佳源集团旗下的智能化企业西谷数字，专注于智能家居和智能建筑十多年；旗下的佳源盈创是全球首家3D打印建筑示范性企业，推动佳源在建筑工业化和住宅产业化上走得更快。

第四，在科技创新上加强与高校合作。比如与同济大学合作研究装备式住宅，与中建科合作研究绿色住宅，与天津大学合作研究健康住宅。在绿色装配式技术应用上，独创异形柱钢结构装配式体系。

位于总部嘉兴的巴黎都市项目，很好地诠释了佳源践行品质的落地性。在2003年开始做这个项目的时候，就在产品品质和客户体验上形成了一个成体系的模式。

当时佳源通过国际招标的方式，遴选最优秀的团队对项目进行定位和规划设计，反复推敲户型、外立面、景观等细节，提出了做开放式

的社区、邻里式的主团等创新做法，引入新都市主义的设计理念。为了让嘉兴巴黎都市的景观设计达到"高低起伏"的初衷，沈玉兴决定将已经交付的爱丽舍宫和杜伊勒宫的景观推倒重来，因为"佳源不仅要关注天际线，还要关注地平线"。最终，这个项目在当时和之后热销的几年中，较周边产品产生了20%的溢价率。这样的溢价对于三线城市嘉兴而言是非常难得的。

在2007年第一期项目交付的时候，佳源总结了整个项目的经验，并以此形成了其第三代产品标准，对这一代产品的设计细节以及成本管控等，进行了全方位的标准化。到2011年，第三代产品标准化的细则更加完善。在团队的高度执行下，到位的操作流程和经验为佳源在更多的城市落地项目并传承品质，起到了显著的推动作用。

在产品细节上精耕细作，项目的整体周转速度会受到一些影响。但是从长期来看，它的溢价水平和资产质量水平是非常高的。

巴黎都市这个项目，不仅在住宅上打磨，在商业方面也力图做得更好，连外围的老佛爷购物中心和酒店都颇费苦心，内街设计也整合了各种资源和元素。最终通过对空间关系的把握，使得业主甚至周边居民的休闲娱乐都能在这个场所中实现。实际上，这种资产的质量和之后运营情况都是非常好的。

五、多元化产业，支撑地产发展和平抑风险

多元产业发展是佳源的又一大特色。依托房地产开发，向各自产业链的上下游延伸，利用上下游相关行业的互补与带动效应，来规避单一行业发展的"天花板"效应，平抑市场风险，实现效益最大化；同时通

过收并购已发展成熟的企业的方式，进入电器零售、医疗养老、文化旅游、矿产、化工等新的业务领域。

佳源现拥有5家上市公司，包括佳源国际（港交所）、美丽生态（深交所）、博源控股、联合锡矿（澳交所）、西谷数字（新三板），其中3家为IPO，2家为收购。

美丽生态：主要业务涉及园林绿化、景观设计、园林养护及苗木种植等。是一家在深交所主板上市的公司。2018年8月，佳源集团成为美丽生态第一大股东。

博源控股：佳源集团2016年10月在澳大利亚挂牌上市的房地产公司，也是澳洲第一家拥有中资背景的房地产企业。

联合锡矿：佳源集团2016年收购的澳交所上市公司，从事贵金属探索等矿产开发业务。

西谷数字：从事智能家居和智能建筑领域集产品研发、生产、营销服务于一体的高新技术企业。2006年成立，2016年3月在新三板挂牌。

如今，佳源已经从一家单一的房地产企业，发展成为集房地产开发、电器零售、建筑施工、医疗养老、商业管理、物业服务、智能家居、文化旅游、矿产开发、化工等产业为一体的控股集团型企业。并于2016年相继成立十一大集团公司。

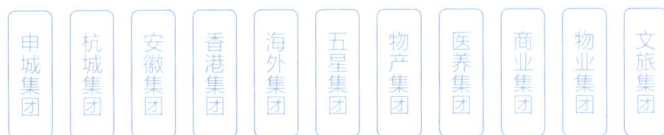

申城集团	杭城集团	安徽集团	香港集团	海外集团	五星集团	物产集团	医养集团	商业集团	物业集团	文旅集团

图1　佳源集团十一大集团公司

刘晨光： 几大地产集团公司，在国内的拓展边界是如何划分的？

沈玉兴： 每个集团都有专属省份，申城集团是上海、嘉兴、山东，杭城集团覆盖浙江（除嘉兴）、湖南等省，安徽集团包括安徽和湖北，香港集团包括了粤、港、澳和江苏。此外，还存在非专属区域，各集团公司都可以拓展。

多元化产业布局显然也是个大手笔，而且多为与地产关联产业，以沈玉兴的运筹帷幄能力，这样的发展模式不无道理。

多产业集团更有竞争力，相关业务对地产主业有很大的促进作用。比如融资方面，非地产板块的资金及海外上市平台，都能在房企融资收紧的当下，为地产业务提供发展资金，这就比单纯的地产公司有优势。再比如在运营上，商业、物业、医养、文旅等板块的独立成熟发展，可以为地产业务提供垂直支撑。甚至是看起来关联度最低的五星电器，实际上与佳源的全国化布局也是优势互补的，流量和效益共生。

多元化发展还可以平抑单一的产业的风险，使企业用多条腿走路，实现效益最大化。"未来佳源集团的发展，房地产板块占一半，其他板块占一半。"

六、员工是核心竞争力

我们一直认为，能穿越周期的人才布局才是好的人才布局。经过企业数十年的培养，通过多重竞争和考验的筛选，对企业文化高度认同和践行——相较于"空降兵"，这批人往往才是能够陪企业穿越周期发展的力量。

佳源的这个优势就非常明显。有一大批随企业发展成长起来的"老员工"，当年的基层销售员已经成长为集团的高级管理层。沈玉兴告诉我们，员工80%是内部成长起来的，外部聘用的20%作为人才补充。

佳源能够给员工发展空间和归属感。

首先是佳源自身的快速崛起，以及与员工"共享发展"。企业的发展是员工信心的来源，佳源的目标是成长为一家"百年老店"，这个发展离不开员工的坚守和付出。佳源明文制定了一系列共享发展计划，将员工与企业构筑为利益共同体，为员工提供股权激励、成果共享、跟投以及退休保障、医养、子女教育和就业等一系列的长远保障。

佳源在跟投机制的设置上也有自己的特色。跟投仅限于项目团队，总部的人员不参与跟投。总部人员是"公务员"机制，是监管者和服务者的角色。这种设定一方面给予各集团公司更大的激励力度，另一方面确保总部平台的全心全职，营造公平有序的企业环境。

其次是用人大胆，放大授权。在人才的选拔任用方面，沈玉兴给我们印象最深的做法是，大胆任用有能力、没经验的年轻人。"经验是干出来的，要充分相信有能力有抱负的年轻人，给他一个舞台，或许能造就一个明星。"这与他的个人成长经历不无关系，他本人就是"少年成名"的例子。各集团公司每年提名30岁以下的提拔名额，成了硬性指标。此后佳源将进一步对集团公司放大授权，"放权才能做大"。

再次是佳源自上而下的分享机制到位。老板把自己的管理精髓和盘托出，员工对企业的战略认知非常清晰，也因此形成了上下一致、简单高效的企业氛围和共识，这是很少见的。比如前段时间佳源集团组织了一系列井冈山理想信念培训班，让每个人都能深切感受到奋发向上、居安思危的企业文化。

毕竟锋芒藏不住，揭开佳源这家准千亿房企的神秘面纱的同时，我们发现了崛起中的浙系企业的又一种模式和高度。

最后不得不说说沈玉兴其人。

20岁办厂；22岁组建皮革公司"足佳"；25岁成为桐乡最年轻的乡党委书记；26岁成为首个聘用制嘉兴市级机关局级干部；30岁刚出头成为嘉兴撤地建市以来第一个辞"官"下海者……这份履历，透露出沈玉兴具有改革者的精神气质。他在20世纪八九十年代创立的"足佳"皮鞋，从乡镇企业发展成浙江省最大的制鞋集团型企业，在全国建立起近两百个销售网点，实现了"足佳，足佳，走遍天下"。

图2　早期创业时期的沈玉兴

或许，佳源天生就具备大格局的基因。这位富有探险精神和大视野的企业家，在他的地产时代也同样展示出大格局玩法。

商海沉浮，大手笔的探险家，同时也是理性的风险把控者，不仅要带领企业走得快、走得远，还要走得稳、走得踏实，这可能就是企业家和老板的区别。

企业发展历程

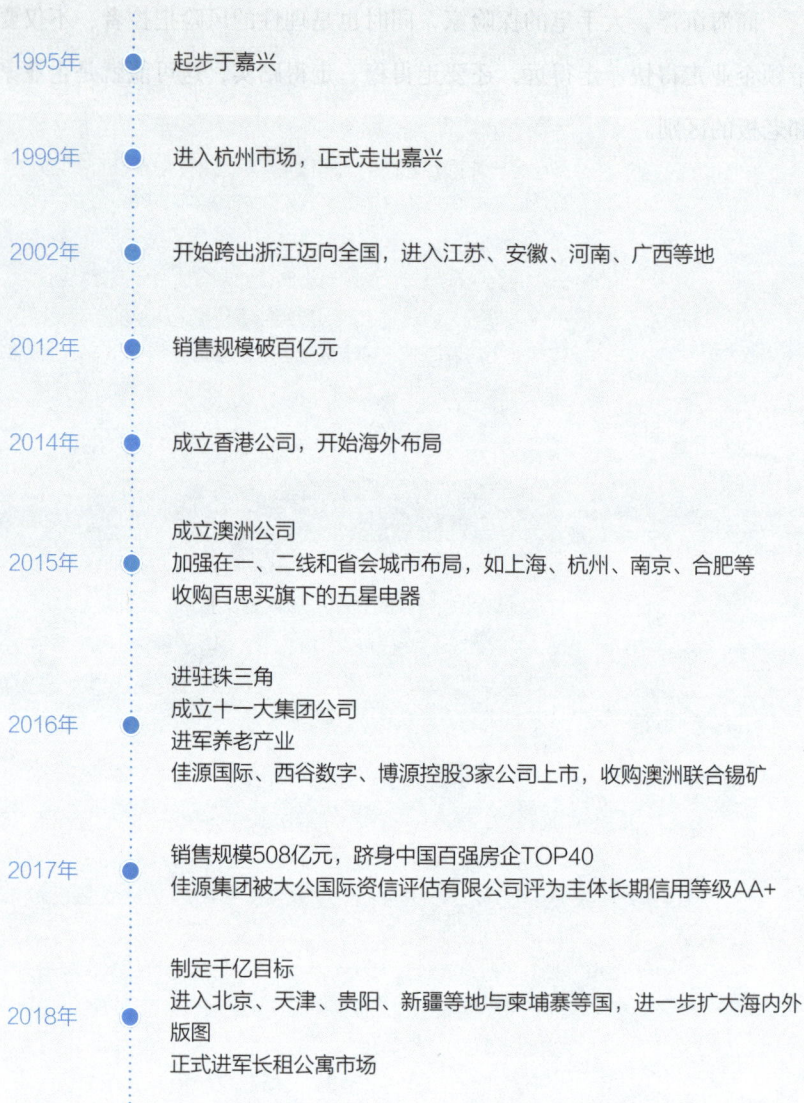

1995年	●	起步于嘉兴
1999年	●	进入杭州市场，正式走出嘉兴
2002年	●	开始跨出浙江迈向全国，进入江苏、安徽、河南、广西等地
2012年	●	销售规模破百亿元
2014年	●	成立香港公司，开始海外布局
2015年	●	成立澳洲公司 加强在一、二线和省会城市布局，如上海、杭州、南京、合肥等 收购百思买旗下的五星电器
2016年	●	进驻珠三角 成立十一大集团公司 进军养老产业 佳源国际、西谷数字、博源控股3家公司上市，收购澳洲联合锡矿
2017年	●	销售规模508亿元，跻身中国百强房企TOP40 佳源集团被大公国际资信评估有限公司评为主体长期信用等级AA+
2018年	●	制定千亿目标 进入北京、天津、贵阳、新疆等地与柬埔寨等国，进一步扩大海内外版图 正式进军长租公寓市场

企业多元化涉及领域

/ 电器零售 / 浙江佳源集团于2015年收购了百思买所拥有的五星电器的全部股权。在佳源看来，电器和地产能够起到优势互补的作用，一方面五星电器门店的布局和佳源百余家购物中心的布局战略一致，另一方面佳源在全国的住宅产品的装修与家电密不可分，此外，五星电器良好的财务状况和盈利水平可以为地产提供资金支持。五星集团通过与京东签署战略合作协议，已成为京东开放平台上体量最大的家电连锁企业，全面展开无界零售模式的深入探索，同时将突破现有实体店布局，从华东走向全国，包括北上广深等特大城市。五星电器将借由这一合作从区域性渠道升级为全国性渠道，IPO工作也将在第二轮募资后开展。

/ 长租公寓 / 2018年4月，佳源集团下属商业集团带着企鹅公寓、四季公寓两个品牌宣布长租公寓发展战略。目前，佳源集团投资了三个长租公寓，分别在上海柏林佳源广场5期（拟建），合肥安徽佳源（在建），杭州佳源快乐（拟建）。计划2018年完成8个项目（4个持有+4个租赁）；2019年完成16个项目（8个持有+8个租赁）；2020年完成26个项目（16个持有+10个租赁）。

/ 医养 / 2016年，佳源集团正式进军养老产业。根据规划，佳源以"医养结合、社区养老"为发展方向，打造集医疗养老投资、养生养老、护理培训、健康管理、物业服务为一体的综合性企业。佳源·优优城南成为第一个医养结合的社区，小区配备上门诊疗服务，配置养老服务三大中心——配餐饮食中心、医疗健康中心、老年活动中心，成为医养结合的健康社区。2018年3月，佳源医养正式进驻杭州，打造仁和佳源快乐颐养项目，是佳源集团开发的首个大型颐养社区，位于杭州市余杭区仁和镇。

/ 文旅 /　2017年，佳源成立文旅集团，作为产业链的延伸和一个新的利润增长点。在重庆打造"中国摩"项目，在广东江门投资帝都温泉升级改造项目，旨在打造一个世界级的以温泉为主要基础的集医养、旅游和居住为一体的城市副中心。

/ 互联网金融 /　2018年8月，佳源集团正式控股浙江赛佳控股有限公司。此次入股，佳源集团将涉足"互联网+金融+产业链"平台，将传统业务模式扩展到线上以及金融领域。赛佳控股与乌镇镇政府共同打造的"乌镇虚拟产业园"，与佳源集团旗下的传统房地产将形成线上线下的对接联合。此外，佳源集团旗下的物业管理集团将借此机会引入互联网管理模式。

沈玉兴
佳源集团董事长

1959年出生于浙江桐乡。20岁办厂，22岁组建皮革公司"足佳"，25岁成为当时桐乡最年轻的乡党委书记，26岁成为首个聘用制嘉兴市级机关局级干部，30岁成为嘉兴撤地建市以来第一个辞"官"下海者。1994年，创办足佳房产公司（佳源集团前身）。

对话中梁控股总裁黄春雷

两年铸就千里马，
中梁崛起模式解读

——

在研究企业发展模式以及与同行交流时，似乎总绕不开一家企业，那就是中梁。从2016年发力到现在，它的速度、布局广度、团队狼性，都令行业瞩目。然而做得多说得少，中梁的一贯务实低调，让我们难以窥见这家企业的内核。

中梁控股集团总裁黄春雷先生，这位一路见证企业发展的老将，向我们揭示了中梁快速发展背后的原因一二。

一、四大因素成就"中梁速度"

2016年是中梁控股集团发展的分水岭。这一年，中梁将总部搬至上海，提出"深耕长三角、面向华东、辐射全国"的布局战略，开始走出江浙沪、进行全国范围的布局。随后的两年可以说是一路高歌，先用一组数字感受下"中梁速度"——

2016年以平均每周1宗的速度，拿下近70宗地块；2017年平均以每三天拿一块地的速度，拿下超百宗地块。2016年、2017年销售规模成倍增长，从100多亿元量级迅速发展到近800亿元量级，跻身中国地产综合实力25强。

2018年中梁提出千亿目标，目前已经实现覆盖超100个地级市。从克而瑞发布的2018年前十个月的销售排行榜来看，中梁已经超前完成了千亿目标，正向全年1300亿—1500亿元的更高目标冲刺。

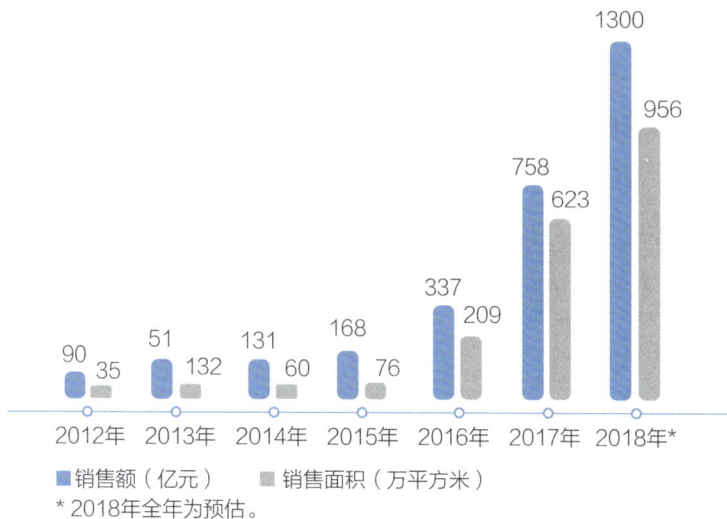

年份	销售额（亿元）	销售面积（万平方米）
2012年	90	35
2013年	51	132
2014年	131	60
2015年	168	76
2016年	337	209
2017年	758	623
2018年*	1300	956

■ 销售额（亿元）　■ 销售面积（万平方米）

* 2018年全年为预估。

数据来源：企业官方资料

图1　中梁控股规模发展路径

支撑中梁这个体量和速度的大跨步发展，不仅需要战略眼光和决心，更需要资金、管理机制、团队战斗力的保障。中梁究竟是怎么做的？

1.对城市轮动机会的把握和迅速采取行动

表现在三个重要的节点上。

·2015年三四线高库存导致众多房企转向一、二线布局时，中梁看好江浙一些三、四线城市的资质和潜力。随后三、四线市场升温，带来一波红利，加上当时获取土地成本比较低，让企业积累了丰厚的收益。

·2017年中梁进一步"往下走"，将触角伸向内陆省份的三、四线城市，因为江浙的三、四线城市有更多的外来开发商进入，地价走高，且部分城市开始限购。

·2017年底，中梁开始积极拓展一、二线城市市场。除了上海、杭州外，进入苏州、佛山、昆明、重庆、长沙、合肥、青岛、西安、武汉、成都、沈阳等核心二线城市，既做到了"全结构布局"，有效平抑风险，又把握住了人口红利城市的机遇，进一步助推规模。

2.非常强调资金的流动性

中梁实行以现金流为中心的运营策略，快速销售、快速回笼资金，再投入下一个项目。鼓励5个月现金流回正，6个月资金进行第二次投入。通过提高自身资金效率，为获取更多的项目提供资金保障。根据这些标准选择项目，中梁基本上没有不良资产沉淀。用黄春雷的话说，这是一种"批发"的逻辑，货如轮转，靠资金的高效流动带来流量的几何式增长。

3.采取阿米巴管理模式，小组织切分，全业务职能下放，激活组织能动性

"阿米巴模式"由日本经营之圣稻盛和夫提出：把企业划分成一个个小的团体组织，通过独立核算制加以运作，在公司内部培养具备经营者意识的领导，实现全体员工参与经营的全员参与型经营。中梁结合自身情况，创造了中国第一个地产阿米巴管理模式：划分控股集团、区域集团、区域公司等多级管控架构，总部向区域充分授权，区域作为经营主体，自主经营、独立核算、自负盈亏。各个区域都被激活，在良好的规则前提下，整个企业如同高铁运行，各个环节都是驱动主体，创造了中梁在土地市场"扫货"、加速奔跑的奇迹。

表1　阿米巴模式与传统管理模式的比较

	传统管理模式	阿米巴模式
模式	老式火车，时速80千米	高铁动车，时速300千米
理念	火车跑得快，全靠车头带	高铁道上飞，节节车厢推
驱动力	领导驱动，只有一个动力系统	全员驱动，每节车厢都有动力系统
心态	为公司干，打工心态	为自己干，自食其力
特点	人员臃肿，无法客观评价个人贡献	一个人也要干，贡献多少一目了然
执行力	多重领导，层层审批，执行迟缓	快速决策，高效执行

4.力度极大的激励制度

　　激励和考核是阿米巴模式的重要一环。中梁在向区域充分授权的基础上，制定了事业合伙、费用包干、成就共享、项目跟投和专项激励等多层级激励体系，每一项激励的力度在行业里都属高水平。高激励真正促使每个人"想干、能干、敢干、会干、为自己干"，所以整个体系的发展动力、战斗力都极强，将企业利益和员工利益紧密捆绑。此外实行"赛场文化"和末位淘汰制，通过竞争倒逼，推动高素质人才的高速成长。

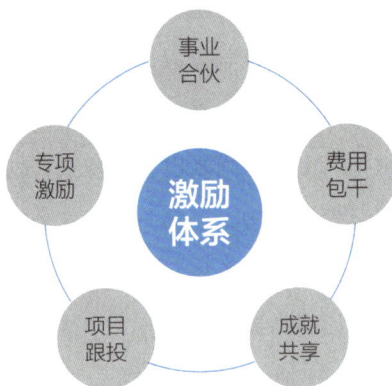

图2　中梁控股激励体系

具体来说，中梁以"四大共同体"引领未来机制升级，分层分级分结构，规划中梁利益共同体魔方，体现价值的长期绑定，体现价格的即时激励，完成中梁利益共同体的闭环。目前，中梁正在突破理念，从利益共同体跨越到事业共同体。未来，中梁的成功将把员工升华为荣誉共同体。最后通过长期的荣辱绑定，实现生态的命运共同体。

这四点是中梁快速实现规模扩张的保障，也是这家企业的核心竞争力。

二、制度设计高手，管理为企业赋能

从以上论述中我们不难领会到，管理模式是中梁发展模式的一大亮点，也是支撑这家企业快速崛起的基石。作为一家成长型企业，中梁表现出了对管理创新的大胆实践，在制度设计上堪称行业高手。这一点也多为同行所研究揣测。和黄春雷面对面交流，我们力图了解更多。

1.三级半组织架构，区域集团自主性强

中梁实施的是以"控股集团—区域集团—区域公司—事业部"为主体的三级半组织管控架构，强调"精总部、强一线、小组织"。控股集团精，区域集团强，区域公司透，事业部做深，扶强锄弱，加强竞争，最终实现组织整体的生态闭环及长效治理。

具体来说，总部控股集团扮演的是"大脑系统"的角色，主要是把握战略，做好风控管理，进行品牌文化建设。区域集团把控整个投融资，区域公司负责项目销售及工程。在这个设置中，总部很少参与具体

业务，全业务职能下放到区域。

区域集团的设置是业界比较少的。这是中梁为了将来更大的规模做的一个提前设置和准备。黄春雷介绍，"框架先拉开，把人锻炼出来"。区域集团的存在，可以在更大范围内进行投资布局的把握，在下面的团队往前冲时，起到一个望远镜和指挥棒的作用。

区域集团的框架一般设置得比较大，比如浙鲁豫区域集团，聚焦浙江、山东、河南市场，辐射四川、河北及东三省。对于团队来说，区域是开放的，一方面，获取项目的机会增加，另一方面，在跟投比例和费用包干比例都较高的情况下，行情好收益就会更高，个别项目收益不好，也可以形成对冲。

图3　中梁控股区域集团发展情况

截至2018年中期，中梁一共设置了12大区域集团、70多个区域公司，还会随着企业发展不断增加和调整。每个区域集团下设多个区域公司，在大区范围内形成一个独立公司的运作体系，设有区域董事长、事业部总经理和相关职能条线。

对于同行关注的管理框架大造成管理成本高的问题，黄春雷直言，与管理成本增加相比，更看重组织和人员带来的效益。

中梁在不断发展的过程中将会进一步对组织架构进行优化，以更加适应企业和市场发展。

2.明确组织职能定位，为企业发展赋能

2017年，基于中梁阿米巴生态经营理念，进一步提出了打造起中梁"长效生态治理体系"，构建既有张力又有活力的组织体系和职能定位。

控股集团定位为组委会和裁委会，引领高度，把握方向，搭建战略模式，打造生态系统。控股集团有着鲲鹏之志，敢干事，以大资本、大战略为龙头，以组织、文化为保障，以生态、系统为支持，进行组织突破，成为业务领袖、组织领袖、智慧领袖。

区域集团则是裁判员及教练员，区域集团面对控股集团下达的经营压力，不断拓宽经营，创新经营，全力支持下属区域公司业务发展。通过上压下顶、同级竞争，确保实现总体经营目标。要有鹰的谋略，会干事，以投资、产品为龙头，以运营、融资为保障，以人力、财务为支持，进行业务突破，成为组织能手。

区域公司作为运动队，事业部作为运动员，他们是实现经营利润的主体。区域公司、事业部要有狐的智慧、狼的执行，能干事，想干事。区域公司以拓展、营销为龙头，以大项目管理为保障，以财务、融资为支持，成为业务能手、组织能手；事业部以开发、进度为龙头，以设计、质量为保障，以成本、客服为支持，成为业务能手。

3.全方位人才培养，建立学习型企业氛围

一个不断发展和突破的企业，一定是在不断学习、进化的。

中梁的快速发展对人才的需求不言而喻。在人才培养上，它有一套全面而"勤奋"的做法。中梁学院承担了人才培训、升级的职能，针对不同职能和级别，设置了数十种专线培训，包含区域董事长特训班、事业部总特训班、投资总培训班、融资总特训班、营销总特训班、设计总特训班、法务总特训班、人力总特训班……全方位、全结构、立体式进行人才培养，而且频率非常高，整个企业形成了学习的氛围。此外，每周一上午有一个高管学习分享会。

人才引进上，中梁通过"猎鹰""飞鹰"等计划快速招揽行业精英，他们大多来自TOP30房企。通过"新栋梁"项目吸收优秀应届毕业生，经过培养前置、集训融入、双向轮岗、半年回顾、导师带教、年度回顾等一年期的"蜂窝培养体系"，以及清晰的晋升与成长路径，打造一支符合中梁价值观、有专业特长、为命运而战的高素质经营人才。

快速发展对管理提出了很高的要求。中梁大胆进行组织架构模式的创新，打造组织、人才、机制、核算、公开五大体系，解决阿米巴落地五大痛点：以利润为中心，职能部门难切分；以巴长为中心，经营人才要求高；以激励为中心，物质精神要结合；以核算为中心，细化核算困难大；以信息为核心，信息公开改进难。

·组织体系。企业发展到一定规模，要大企业做小、小企业做活。中梁一路走来就是由小变大，又由大变小的过程。未来中梁要做大，规模上3000亿元；也要做小，成立20个区域集团，100个区域公司。小企业做活，全职能下放，充分授权和自主经营，一定不能束缚一线组织的动力与活力，这是中梁的底线。特别是对上级职能部门的要求，要强管头、强管尾，但不能从头管到尾，过问不揽权，支持不包办，进一步把小企业做活。

·人才体系。先人后事，关注巴长，打造高素质经营人才。中梁制定的人才标准明确了选人大于改变人，以"青年近卫军"为载体打造全结构人才培养体系，并成立中梁学院，无缝对接，培养各级"青年近卫军"。另外，中梁特别关注干部管理和一把手，也就是巴长的培养。中梁干部的培养由浅入深、由表及里，逐渐系统化。

·机制体系。中梁建立事业合伙人制度，费用包干，成就共享，项目跟投，专项激励的多层级事业合伙人激励体系，规划中梁利益共同体，体现价值的长期绑定、价格的及时激励。目前集团正在突破理念，从利益共同体跨越到事业共同体，未来中梁的成功会升级到荣誉共同体，通过长期融入绑定实现生态命运共同体。

·核算体系。成立机制算账中心，围绕成就共享、跟投、管理费用、营销费用、无效成本五大核心数据展开核算工作。做到及时核算、及时预警、及时整改；做到经营可视、业绩可视、收益可视和风险可视。核算体系平台日益成熟。

·公开体系。阿米巴经营是一个通过反馈改进的重要系统。信息公开就是其中非常重要的一个环节，是一个反思评估改进的系统，反应企业的管理能力，要求及时反馈每一天所有经营数据，做到极致就是实时反馈。目前中梁正在大力开发中梁数字化管理平台、中梁信息公开监控平台、中梁知识管理平台等众多公开平台。中梁的公开体系正稳步推进。

三、未来投资会全国布局、全结构布局

2018年，中梁提出"聚焦长三角，辐射京津冀和珠三角，延伸至一

带一路经济带"的布局战略，进一步深化全国布局。从2016年开始走出江浙沪，持续开拓东南、西南、中西部和东北市场，截至2018年9月，中梁已经布局了全国22个省份、百余个地级市。

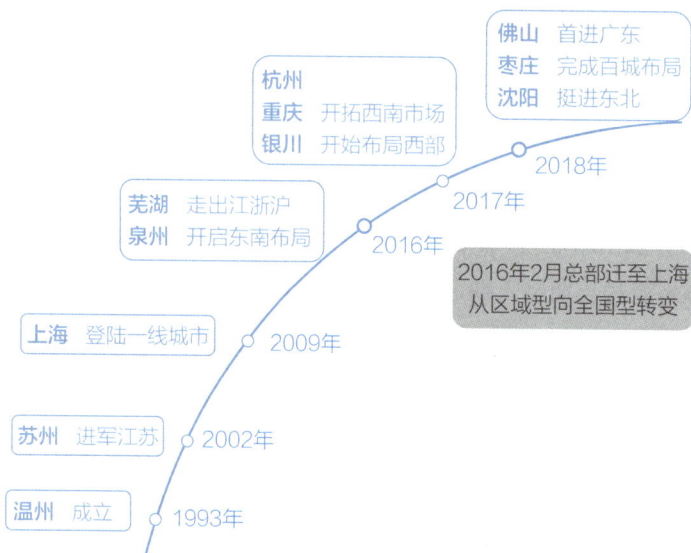

图4　中梁控股重要布局节点

中梁以这么快的速度"攻城略地"，在投资策略、城市选择上有哪些考量？

第一，中梁非常看重趋势和周期。会基于对行业大周期和城市小周期的判断，将其分为春种、夏耕、秋收、冬休不同阶段，这样一来，在上行周期会加大投资，下行周期则减缓投资。

第二，按照城市人口、经济水平、成交量等对地块进行分级。比如市中心的土地是A级，城市新区的是B级，外围的是C级，再远的是D级。对应从A到D不同区域等级，拿地的体量有从大到小的标准。按照

"七核一审"的标准来快速决策，确保整个投资的可控。

第三，深耕和开拓并行。中梁给外界的印象是快速进入、多点分布，团队的重心似乎都在开拓新的市场上了。实际上这只是中梁开拓市场的第一步，进入一个地方以后，先分析当地市场情况和企业发展是否契合，再决定是否深耕。

第四，未来中梁的投资会全国布局、全结构布局。上一轮行业周期是导向三、四线城市的，中梁从2016年开始快速进入大量三、四线城市。伴随着三、四线城市房地产市场的"黄金时间窗口"逐步关闭，二、三线楼市的抗风险能力再度被业界重提。中梁于2018年起迅速进行策略调整，加仓二、三线城市，截至11月份已布局了杭州、苏州、无锡、重庆等重要城市群的13座城市。同时，中梁也开始加强布局全国性的省会城市。此外，中梁还在增加商业、产城BG等业态，提升整个投资模型和增长模型的稳健度。2018年下半年，控股集团准备建立统一的商业、产业资源库，推进商业、产城联动拿地。各区域集团、区域公司专注地产开发业务；收并购BG、产城BG和商业BG要纵向打透，提升专项投资策划、产品设计、商业/产业运营能力和融资能力。

第五，拿地方式越来越多元化。除了传统的招拍挂和收并购方式，还通过代建、小股操盘等模式获取土地，同时积极寻求合作伙伴，联合碧桂园、万科、融创、滨江、宝龙等品牌房企合作开发，在强强联合、优势互补的同时，降低资金成本，对冲市场风险。

刘晨光：我认为目前四、五、六线城市的土地供给是按照无新增人口、人口缩减和有新增人口，来做到一个有节奏的放地，是量入为出、细水长流的土地财政。这个城市未来的供给是可控的，整个房地产未来具有长期性。这个问题您是怎么看的？近期出现棚改货币化收紧的政策，您如何看这对四、五、六线城市的影响？

黄春雷：我认同你关于土地财政的观点。大家普遍认为，棚改是四、五、六线城市的重要推动因素，我们认为这只是一个外在因素，你要看到小城市的内在因素。比如我们很多城市统计人口数据是流出的，这是大市域范围。其实市区的人口是流入的，而我们做生意往往是做市区人口的生意。不能因为一个片面的数据就放弃了这样的城市。

要关注蓝领工人这个群体的购买力和需求。蓝领工人近年的收入提升幅度比较大，比如建筑工人月入七八千乃至上万元，在一个房价七八千的四、五线城市买房是比较容易的事情。而且这部分人群的需求量是很大的。

小城市的消费升级。很多四、五线城市到了消费改善的时点上，市场上刚需产品即使已经饱和，通过产品品类的升级打造，也能收获一批中高端客群。

四、多渠道融资促发展，"三降一调"保稳健

众所周知，在企业快速发展过程中，充裕的现金流是可持续发展

的重要保障。中梁多渠道、多结构、多层次的融资合作模式，确保企业能快速发展，弯道超车。多年来，中梁创新融资方式与合作模式，不断构建多元化、多渠道融资体系，持续降低融资成本、提升企业抗风险能力，在此基础上，中梁荣获"融资能力TOP10"称号。

据了解，中梁在融资渠道上有一系列的安排。在授信体系上，中梁搭建了包括国有大型商业银行、股份制银行、信托公司、金融资产管理公司在内的完善的授信体系，覆盖集团总部和区域城市的全方位金融合作关系。比如信托方面，2017年联合四川信托、安信信托、中信信托等发布了多个房地产信托计划，截至2018年5月，累计信托发行规模约为230亿元。此外，中梁还加强与金融机构的战略合作，新增与建设银行、民生银行、浦发银行、平安银行在内的战略合作授信规模大幅提升。

不仅如此，中梁还成立了自己的私募基金管理公司——梁商资本，主动进军金融行业，充分发挥自身特有优势，围绕"产融结合"，布局地产金融，在资源深度整合之中实现共创价值、共享价值。

> **刘晨光：** 现在看来，国家整个货币环境是比较宽松的，但对房地产而言是金融紧缩的行情，特别是大量非标准性融资收缩的比较快。同时也可以看到，除了对非标准融资是限制，对资产融资、供应链融资是放开的，有保有收。

应对金融紧缩的情况，以及企业现阶段稳健发展的需求，中梁提出了"三降一调"，即降增速、降杠杆、降投资，调结构。

"中梁前两年的增速都是翻倍，2018年大概60%，2019年降到20%，确保稳健，为未来发展留有余地。"增速放缓，对应的投资规模、投资节奏也会放慢，同时在这个过程中降杠杆，确保资金安全。在调结构上，中梁开始加大进入二线城市的力度，整个投资模型和增长模型会做得更加稳健，并且增加商业业态，"用两到三年的时间，把二线城市和商业领域做到一个合理的比例"。

五、灵活的产品体系，领先的精装修研发

无论中国房地产进入什么样的发展阶段，高品质始终是企业生存之本，是企业可持续性发展的重要基石。中梁能够在短时间内实现跨越式发展，与其创新管理体制和快速布局战略有关，在这过程中，产品本身能够经得住考验，才是中梁真正的成功。中梁在确保产品品质上不敢放松一丝神经。

1.不断优化和创新产品标准化体系

在项目前期规划环节，中梁深入研究结合当地文化和市场需求，对产品进行精准定位。如为满足客户传统的院落情结，推出"院落风"居住理念，帮助客户重拾阔别已久的庭院生活。

在确立了产品定位后，不断在品质上下功夫。为了使项目成为引领当地市场的品质标杆，中梁不惜倾注大量的精力和成本。比如温州的中梁首府项目，作为"首府系"的首发之作，该项目单在打造石材立面上花费就超过一亿元；在中梁香缇半岛的打造中，为营造出一步一景的效果，大面积选用名贵树种，以及拥有亿万年历史的珍贵莱姆石；中梁国宾一号项目更是颠覆了楼盘公共部位毛坯交付的传统，成为当地第一个

五重公共精装的房地产项目。

2017年，中梁地产利用产品力这一优势，在芜湖、赣州、南通等三、四线城市的核心区域打造高品质项目，逐步打开这些城市高端产品的市场缺口。

中梁已建立"33NX"产品标准化体系，确立了"百达翡丽""劳力士"和"浪琴"3种产品模式，每种产品模式下规划了3条产品线，每条产品线又分别由N个标准化模块构成，并形成X个城市的户型库。与此同时，围绕全周期下的全结构布局，中梁还在不断加强标准化产品线在各级市场的全覆盖、微创新和快落地。

与部分开发商一套标准体系在全国套用的模式不同，中梁地产"33NX"体系中的N个模块一共有12个，可以灵活选用。在不超出目标成本的前提下，区域可以在一定范围内自由调配选用具体模块，比如，选用哪种配置标准、哪种立面风格、哪套样板房，均由一线营销团队自己决定。

2.发力充满人性关怀的精装修实践

进入住房消费提档升级的新时代，购房者对充满人性关怀，能够解决个性化需求的精装修、全装修房越来越期待。

为此，中梁产品标准化体系研究的另外一重大成果——占地建筑面积约1800平方米的中梁地产集团研发培训基地应时而生。该基地的职能首先是对中梁地产已有产品进行深化研究、完善、提升，设计出满足客户要求且可供批量化复制的产品原型；其次是对于产品户型、装修标准、工艺工法、部品部件等进行诸多研究，研发更加符合行业趋势的标准化产品；最后是通过专业培训、技术交流等方式，培养房地产行业内专业的管理人才。

据了解，中梁地产集团研发培训基地共包括4套精装修标准样板房、2套标准化工艺大堂、工艺工法区、材料部品区和培训会议区五大板块，全面展示了中梁地产对"四需（安全、舒适、健康、智能）六感（视、温、听、触、嗅、味）"理论和九大匠心系统的思考。该基地还以"开放、互动、融合、体验"为目标，汇聚了地产开发方、设计方、工程方、住户等地产开发全生命流程信息，旨在不断提升中梁地产研发产品的有效生命力。

中梁将进一步通过对居住和生活方式的持续深入研究，不断完善、提升、设计出可定制的标准化产品，在批量精装修实践方面，将更多着眼于点滴的人性关怀，以提升客户满意度为己任，围绕未来产品"文化、生活、智慧、健康"的主要趋势，实现差异化竞争。

. . . .

中梁这匹黑马，经过两年的跑步前进，稳稳地坐在了中国房企TOP25的阵营里，已是名副其实的千里马。有人说中梁模式能看懂但学不会，中梁布局的魄力和决心、组织架构的大胆释放、人才激励上的不遗余力，会使未来的它走得很快。相信依托"组织机制能力自信"和"核心技术创新能力自信"，中梁会超越更多同行，实现"从黑马到主流，从主流到标杆"的跨越。

企业发展历程

1993年 ● 成立于温州

2002年 ● 进军江苏市场

2009年 ● 布局上海，登陆一线市场

2016年 ● 总部迁至上海，从区域型向全国型转变
走出江浙沪，开启东南市场

2017年 ● 布局杭州，开拓西南、西部市场

2018年 ● 提出千亿目标
首次进入广东、东北
完成百城布局
跻身综合实力25强、成长速度TOP10第1位、融资能力TOP10

企业多元化涉及领域

/ 产城融合 /

中梁于2017年12月成立产城不动产区域集团，是为全面落实产城融合战略而成立的综合性区域集团。以"住宅+商业综合体+特色小镇"三轮驱动为发展模式。

截至2018年中期，产城不动产区域集团下辖商业地产、海西、钱塘产投、梁翰4个区域公司，余杭、青田、兰悦、福宁、环杭、金悦、杭悦7个事业部，操盘福鼎百悦城、安吉百悦首府、永康百悦文创小镇、杭州百悦公馆等10个项目，与碧桂园、滨江集团等合作开发东方名府等2个项目，合计开发面积超200万平米。此外，整合广西建工、金成集团、宝龙集团等战略合作资源，积淀了元成股份、香港昌兴集团、联合睿康、银亿集团等上市公司产业资源，为公司产城业务纵深发展奠定了坚实基础。

产城不动产区域集团创建了全新的商业地产发展模式模板，创立"中梁·百悦系"商业地产品牌，形成了中梁百悦城、百悦国际、百悦广场、百悦天地、百悦公馆等五大商业产品线。同时积极构建中梁产城融合生态圈，目前已初步形成"中梁百悦"科技小镇、文创小镇、教育小镇三大城市系小镇和田园小镇、文旅小镇两大城郊系小镇等多元矩阵组合。

黄春雷
中梁控股集团总裁

1972年生。本科毕业后，进入房地产行业，1994年8月至1998年10月，在北泊中达集团负责房地产开发管理；1998年11月至2000年12月，任东兴市市政工程公司项目开发部总监；2001年3月至2002年9月，任广州鑫实实业开发有限公司销售及房地产开发部负责人。2002年底加盟中梁地产，现任公司董事、轮值总裁。

对话德信地产总裁费忠敏

周期切换、竞争下沉，看浙江老牌房企的新思考

———

有一家房企，在浙江房地产市场的表现一直以来可谓别有特色。

· 2009年，杭州市场不景气，大部分房企收缩战线，土拍市场一度冷清。而这家房企，在杭州连拍下4块地。

· 2013年，杭州地楼比特别高，百强开发商纷纷涌入。而这家房企从酣战中抽身，转战温州，在当时房价腰斩的一个城市，一举拿下5块地。

· 2016年，三、四线城市高库存导致众多房企转向杭州等一、二线城市，这家企业仍坚持逆势布局，短短一年在浙江三、四线开拓了近40个项目。

这家"反其道而行"的房企就是德信。我们先来看看三个节点上的逆势布局，为德信带来了什么——

2009年的4块地，让德信开始在大本营杭州占据一席之地。2013年重仓进温州，踩准了三、四线行情爆发的前奏，助企业实现弯道超车，进入百强，也奠定了温州市场前三甲的地位。2016年坚守三、四线，迎来了又一波行情，40个项目为这两年规模的快速增长备足了粮草。

2013年和2017年是开发商大量涌入浙江的两个时间。2013年的杭州是开发商布局全国二线城市的最后一个选择，2017年的浙江三、四线均好城市多对开发商具有吸引。在关键节点上总能另辟蹊径、擅长逆势布局、错位竞争的德信，接下来会有怎样的应对？

一、千亿新战略：布局浙江和省外重点城市

一次次把握住行情，源于德信对城市轮动周期的提前思考。费忠敏坦言，浙江的房地产行情是会变动的，企业必然要走出去，城市的经济势

能、政策势能都有可能影响房地产环境的好坏，甚至一个片区也有它的发展周期。大周期小周期，考验的是开发商的理性判断和灵活应对能力。

刘晨光： 现在有两种情形。第一个是应对城市周期轮动，用大布局能力抵御周期。第二个是在浙江省各地土地供给有限和收缩的情况下，每个地方的行情有大小年，抓取某个地方的一波行情也是一种做法。立足于大布局的企业会选择第一种，成长型的企业会选择第二种。

费忠敏： 中等企业对风险的敏感度更高，也更灵活。德信是一家擅长居安思危、规避风险的企业。每个城市都有它的周期，在市场一片大好时，不恋战，根据企业的特点寻找多个机会点，打差异化竞争。在市场还没起来时，大家一般都能判断它的中短期形势，如果对这个城市持乐观看法，这时候比的就是行动的决心和速度。

2018年初，德信制定了2018年实现350亿、2021年实现千亿的目标，并对城市布局进行战略调整，"立足浙江，深耕长三角，布局全国中心城市"。具体来说，千亿目标的构成是，杭州三分之一，浙江省内其他城市三分之一，省外城市三分之一。

这样的战略安排，除了是发展规模的需要，也是德信对城市轮动周期的又一次考量。既要面向全国扩大布局面，以应对省内一揽子政策的风险，又要灵活调整省内城市的布局策略，一方面规避风险，一方面抓住关键节点上助推企业高效发展的一个个窗口机会。

从德信2017年各地区贡献的销售业绩来看，浙江省内高达90%以上，仅温州一个城市就占到40%。从千亿构成的比例不难看出德信对省内布局有了较大调整。

一方面回归杭州大本营，加强布局"大杭州"。

杭州对于德信来说，不仅是输出产品、人才、管理和品牌的支撑，更是适合深耕、获取长期战略机会的城市。杭州正在经历多重利好下的二次崛起，即便金融收紧、快周转难、竞争激烈，但未来的机会更大，依然是很多企业的必争之地。德信一直在杭州深耕，不下牌桌，保持一定的占有率。2017年提出重返杭州大本营，将进一步加大在杭州及周边的布局，2018年已经在杭州收入6块地。"整个杭州的规模将达到总量的30%。"

另一方面，谨慎看好温州市场，"围点打圆"，布局乐清、瑞安等周边城市。

德信在温州一共布局了二十多个项目，2017年温州单城市贡献业绩40%、112亿元，在温州市场占有率达到8%，位居第二。对于发家于湖州、大本营在杭州的德信来说，在温州的好成绩源于几次逆势布局和持续重仓深耕。

2013年进入温州市场时，温州正处于房价腰斩的时期，温州是全国房地产市场较差的城市之一。德信选择在那个时间进入，是因为对温州中短期的崛起有一个预判，在大家普遍不看好时，趁着地价划算，加上体量适宜，一口气拿下5块地。之后又经历了三、四线城市去库存，其他房企转向一、二线时，继续在温州追加投入，这才成功抓住了当下的这波行情。

刘晨光：关于温州这个城市，有几个有趣的结论。第一，温州住宅市场年销量达千亿，在浙江仅次于杭州和宁波，它一年能为华鸿嘉

信贡献180亿元的销售额，为德信贡献110亿元的销售额，为滨江、中梁贡献50亿元的销售额，为万科、碧桂园贡献80亿元的销售额。第二，在浙江范围内，温州是杭州之外，房企单城市可做到百亿元级规模的一个城市。第三，温州是杭州之外唯一一个单城市即能为一家企业贡献近半业绩的地方。可见它是房企重要的深耕之选。

当年进入温州的，既有华鸿嘉信、中梁这些本土企业，又有万科、碧桂园这样的大品牌开发商。德信如何打开局面？

费忠敏： 相对来说，德信适应能力非常强。杭州、温州、宁波是我们在浙江重点布局的三个城市。我们从2013年开始重仓温州，对这个城市的消费需求、市场特点把握比较到位，打磨产品，用好的产品引导当地人。温州是强势文化，与浙江其他地方不一样，改变当地固有观念是很难的，只有与当地需求充分磨合，并且把产品做好了，才能让当地人接受。

而我们发现，温州市场呈现出这样的局面：2015年下半年，温州楼市开始复苏，目前价格整体较为温和、健康。即使在全国房地产空前火爆的2016年，温州的表现依然平稳。由于大拆大建带来的大量需求，目前温州楼市的实际库存去化周期已经处于较低水平。百强房企纷纷进入，将温州作为货值补充的一个重要城市。

德信接下来在温州会做何布局？

费忠敏说，德信依然看好温州市场，但面临的挑战也挺多，竞争激烈，会谨慎一些。所以2018年开始，温州公司除了"围点打圆"，布局乐清、瑞安等周边城市外，或许会将部分注意力转移到临近的省外城市。

也因此，德信在2018年提出新的战略目标时，开始加大对环杭州湾和浙江省其他地方的投入，以及把目光投向省外潜力更大的城市。

二、省内：暂避风险城市，深耕优质城市

在发展规模的要求下，德信的定位是快周转，并且制定了"456812"标准，即新项目摘牌后，4个月主体开工，5个月样板区开放，6个月首次开盘，12个月现金流回正。因此，能否实现快周转及高效快速推进项目开发，现金流快速回正，是德信选择城市和项目最先考量的因素。

三、四线城市符合快周转的优势无疑更明显。一是因为较为宽松的预售条件，让快速开盘成为可能；二是相较于一、二线城市土地价值高，三、四线城市的土地多为净地，能够节省大量工期；三是由于三、四线城市的购房需求多为刚需、刚改，能够更好地通过产品复制，减少产品设计和建设的难度和时间成本。德信在浙江的布局已经覆盖了所有三、四线城市。

然而，现在那么多房企都在实行快周转，大家都想进三、四线热门城市，更不乏彪悍的"大鳄"。每家都拿一块地，机会就被稀释了很多。德信的做法是什么？

费忠敏表达了下面的观点。

第一，关注机会型城市。比如丽水、衢州，一般开发商进浙江是不会把这些城市作为首选的，德信可以在这些城市凭借良好的产品力、对当地市场的把握和团队的经验，做到年产出50亿元、人均绩效达9000万元的好成绩。另外，在德清、武义这样的城市，虽然市场上供应量有

限，可能只有德信的几个项目，当地居民购买力也并不活跃，但也能让德信的项目实现快速去化。

第二，暂避风险型城市。德信的拓展布局一直比较灵活，不一定要进驻一些传统意义上的热门城市。对于一些具有一定投资价值，但产业支撑相对薄弱，人口导入较少，市场供给过剩的风险型城市，德信则选择暂避。

第三，长期深耕优质型城市。紧跟国家中心城市建设步伐，德信以"立足浙江，深耕长三角，布局全国中心城市"为布局战略，根据市场动态，精准选择目标城市，在形成独特优势后，进一步向周边城市"俯冲"，"围点打圆"。比如德信在宁波建立战略据点后，迅速在慈溪、余姚、舟山等周边城市拿地。除长期深耕杭州、温州、宁波这三个优质城市外，未来德信计划有选择性地扩张至武汉、郑州、长沙、西安等增长潜力巨大的全国中心城市。

三、省外：布局核心二线及周边，"一对一"联动拓展

不管或早或晚，在浙江做到一定规模的本地房企近几年都在积极地走出去，拓展全国市场。对城市轮动周期有着提前思考的德信更是如此，从2002年开始就在江苏、安徽、湖南布局，不过项目比较少，还没有起到对冲省内集中布局风险的作用。2018年提出未来三、四年实现省外市场规模占到三分之一，德信的全国布局步伐要加快了。

2017年德信成立了武汉公司，并于2018年7月落地项目。2017年底到2018年初，在江西的九江、上饶连拿3块地。2018年在徐州、常州也有项目揽入麾下。接下来战略布局郑州、长沙、西安、合肥，这些城市虽

然竞争已经非常激烈，但容量、未来空间足够大，并且位于城市圈，可以关注这些城市周边的机会。

在拓展省外市场的过程中，德信对组织架构的安排颇具巧思，采取"一对一"联动拓展，比较成熟的原有区域公司分别负责一个外拓区域，比如杭州公司负责拓展一个省，温州公司负责拓展另一个省，这样一来，可以让投资团队将择地范围扩展到临近的省份，提高团队的产出；同时成熟的团队可以迅速开展工作，省去了组建新团队、人员适应的环节，也便于区域的集中管控。目前德信已成功布局浙江、安徽、江苏、江西等省份。

四、打造杭派精工产品体系

杭州代表全国住宅的"品质高地"，在产品力的比拼上，开发商不进则退。德信地产2005年入驻杭州以来，专注于品质提升和产品标准化体系的建设，2012年位列杭州本土房企前三甲。2017年提出全新的品牌主张"你的生活知己"，2018年品牌主张全面落地和演绎。

德信从建筑的品质、设计的品质、精装的品质、园林的品质、服务的品质、生活的品质出发，只为给每一位生活知己营造温暖丰盈的生活体验。据第三方研究机构2018年6月发布的报告显示，在温州、杭州，德信的企业满意度指数分别位列第二和第四，客户忠诚度指标分别位列第一和第四。

在产品品质和产品线的打造上，德信地产形成了杭派精工的产品特色，目前已有"泊林系""大院系""臻悦系""城府系"四大成熟的住宅产品系列，并于2018年初发布了二十六大年度新品，包括城市高端新品——温州翡丽湾、云著，品质改善类新品——杭州市心府、湖州浔庄和徐州珑玺台，城市综合体类新品——杭州天空之翼、杭州之心和温州天荟，大院系产品——杭州印江南、金华御西湖、溪悦江南大院等。

德信三分之二以上的项目总是工程专业出身，以打造"品质标杆"的态度和准则，严格对待每一项施工工艺及流程，在精装方面"坚守品质，严选建材"，做到真正的精工品质，将杭派精工及知己理念融入业主的生活中去。

费忠敏介绍，对品质的管控是德信的生命线，也是德信能够始终保持市场口碑的重要原因。2017年是德信的交付大年，杭州区域的钱江府、泊林春天、东宸、西宸，温州区域的爱琴海岸、海派公馆、湖滨一号等项目合计近6000套房源，最终凭借实景品质赢得了客户的认可，所有项目均实现了98%以上的整体交付率，远超行业平均水平。

·2013年，德信地产正式进入温州，用杭派精工房企的理念革新温州楼市。

·2016年，德信独创的G+社区体系，将建筑、户型、配套、景观、精装、科技再升级，从客户的角度实现人居体验的升级。

·2017年，从客户的角度，聚焦园区生活痛点，推出了"彩虹桥计划"，精研客户每一个细微需求，将园区的"架空层"打造成"全龄段、全时段、全功能"的公共空间，丰富各个年龄层在园区的休闲生活。

·2017年，德信地产提出了品牌标语"你的生活知己"，以客户生活为己责的生活体系，用知己的名义为业主营造美好温暖的人居生活。

·2018年，设计研发中心更名为产品中心，积极推进产品标准化建设。

·2018年，在温州推行全装修的政策下，德信万科·云著推出温州首本住宅性能白皮书，由5大人居系统（舒朗空间系统、细部周到系统、厨房关怀系统、体贴卫浴系统、智能家居系统）、52项人居细节构建起了一套真正的装修与住宅性能人居体系。

五、加强对外合作，助力"走出去"

对外合作是发展规模必不可少的途径。德信在对外合作上一直保持开放，尤其是在跨区域扩张的进程中，坚持"开放、透明、互补、共赢"，与不同合作伙伴在包容中寻找协调性，实现专业能力、资源配置能力和管理能力等方面的嫁接，实现合作共赢。除了与品牌房企的合作，还有与国有企业、资本方等不同背景的企业合作。

一是可以借助各合作伙伴在土地市场上的议价能力、资金和品牌优势，以较低成本为公司提供土地储备；二是不同合作伙伴之间分工明确、发挥所长，可以实现专业能力、资源配置能力和管理能力等方面的嫁接，达到1+1＞2的效果，大大提升项目市场竞争力；三是在合作开发中学习，有效促进了德信运营效率和项目品质的提升。

德信已和碧桂园、万科、金地、阳光城、融信、中梁和大家等20余家知名房企建立合作关系。未来在"走出去"全国化布局的道路上，德信将进一步扩大合作。

此外，长期稳定的优质供应商，是德信快速发展的助推力之一。在全装修、智能家居、新材料新工艺等方面，与合作商进行深度探索与合作。2018年德信将通过工程体系九大管理举措，实现技术、管理、效率等多维度的全面提升，与合作伙伴共同做好质量通病防治、工业化、精装修，确保产品品质。"德信倡导的是公平的合约环境，更关注合作方的真实表现，希望为优秀供方提供更多的合作机会。"

六、扁平化管理，强调团队自我驱动

德信的共赢文化不仅是对外部合作伙伴，企业和员工之间也是一种合作共赢的关系。费忠敏强调，德信的团队管理不是人管人，核心是如何提升员工的自我驱动。德信有一套激励机制，包括专项奖罚制度、合伙人制度、利润分享制度、跟投制度。"有规模才有激励，有高激励才有高增长。"费忠敏认为发展是对员工最好的回报，没有规模，如何让员工实现价值和收入增长。实实在在的收入分配，才能激发狼性，"我们将利润的15%作为员工考核的利润分配"。

在组织架构上，德信成立有六大区域公司（杭州区域、温州区域、宁波区域、浙北区域、浙中区域、苏北区域）。在集团和区域的分工上，费忠敏介绍，集团要做精（做标准，比如对周期、现金流、拿地等的标尺，控风险，调整机制），区域要做强（经营管理、产品定位和设计、销售定价等），项目要做实（推进项目进展）。

未来德信将进一步强化扁平化运作，从拿地到各种指标的制定权限全部下放到区域公司，总部只定期召开投资决策会，对项目进行评估，提高区域公司的自主性，让团队战斗力得到真正的锻炼。

七、长线布局，打造全生命周期产品

目前德信已形成"一体两翼"的相关多元化产业布局，以住宅开发为主，以产业小镇、社区商业为翼。其中，住宅开发注重快周转和规模化，产业小镇、社区商业注重中长期收益及持续现金流。德信正连接打通相关领域资源，发挥协同效应，令项目"长短"结合、相辅相成。

"我们做住宅产品更多考虑的是30—50岁的人，那么30岁以下年轻人和50岁以上中老年人的居住需求怎么解决？"费忠敏这样解读德信在产业上的安排——以住宅开发为主，以产业小镇、社区商业为翼，发展长租公寓和健康养老，打造全生命周期的产品。这就是前文所说的德信的"长期投资"。

1.长租公寓领域

德信在长租公寓领域的动作早于很多同行，2015年就成立了公寓租赁公司——随寓，主要模式是对闲置物业进行开发改造后集中出租。从克而瑞发布的《2018年1—9月杭州长租公寓排行榜》可以看到，德信随寓在杭州已签约房源达7000套，排在房企已拓房源第二位。2017年进军上海。2018年的目标是2万套。德信的长租公寓类型有三种：分散式合租公寓，针对刚毕业年轻人；集中式单身公寓，针对有收入基础的青年白领；高端服务式公寓，针对高收入青年客群。

表1　2018年1—9月杭州长租公寓排行榜（房企已拓房源）

名次	房企名称	已签约房源（套）
1	龙湖冠寓	9000
2	德信随寓	7000
3	万科泊寓	6600
4	朗诗寓	6000
5	华润有巢	2505
6	中天米柚公寓	2000
7	融创住住	1886
8	金地草莓社区	1500
9	旭辉领寓	1118
10	景瑞素舍	195

统计范围：杭州十区范围，统计时间截至2018年9月28日。　　　数据来源：克而瑞

2.健康养老领域

2017年成立德宜健康，面向社区医疗、机构养老两大业务板块。2017年联手物产集团旗下中大地产，以云峰大厦等项目为试点，布局养老健康产业，把云峰大厦北楼及裙楼作为双方首个合作养老机构的运营场所，目标打造成为继朗和国际医养中心之后又一个服务高端养老群体的品质型医养结合养老机构。

3.产城领域

德信在产城方面的布局，一方面以科研办公为主要形态的楼宇经济，代表项目包括德信AI产业园区等；另一方面则通过整合旅游、休闲、文化、生活配套等资源打造文旅综合体，代表项目包括德信·莫干山小镇、仙居德信文旅综合体、玉环漩门湾项目等。玉环漩门湾项目总建筑面积约17.6万平方米。项目细分为四大居住模块，将建造多层住

宅、养生小院、银发学院、12班幼儿园以及相应商业配套。被列入玉环市"千亿项目"和台州市级特色小镇创建名单。

费忠敏说，未来行业的发展方向一定是轻重结合——房地产开发快周转，兼顾持有物业经营。对企业发展来说，后者解决的是未来5—10年的问题。住宅、商业、产城三者平衡的业态组合，可以发挥协同效应，全方位满足客户的需求。

....

德信让我们看到了本土企业在面对外来竞争时另辟蹊径的守卫战和突围战打法。在城市轮动周期中把握风口、灵活调整、逆势布局赢得发展机会，它的一系列独特的战略思考和发展之道，为浙江老牌房企如何在大鳄环伺的竞争中逆袭前行、突破重围，书写了一个样本。玩转机会，规律自来，期待在千亿的新征途上，在面向全国的新局面上，德信能够继续突围。

企业发展历程

1993年	成立于德清
2002年	进入江苏市场
2003年	进入安徽市场
2004年	进入湖南市场，深入华中地区 成立浙江盛全物业管理有限公司
2005年	总部迁往杭州，为开拓全国市场奠定基础
2008年	获得房地产开发业及物业服务企业双一级资质
2010年	启动"精耕杭州，深入长三角，拓展全国"战略
2012年	业绩突破50亿元，位居杭州本土房企前三甲
2013年	跻身中国房企百强；重点布局温州
2014年	入驻纽约华尔街100号，全球布局战略启动
2015年	布局长租公寓领域，成立杭州随寓网络科技有限公司
2016年	德信集团签约影视产业战略合作伙伴，布局影视产业
2017年	杭州随遇网络科技有限公司成为首批入驻杭州智慧住房租赁平台企业
2018年	制定三到四年实现千亿销售目标 制定"立足浙江，深耕长三角，布局全国中心城市"的布局战略

企业多元化涉及领域

/ 长租公寓 /　　2015年，德信成立随寓公司，主攻公寓长租业务，通过线上、线下平台资源整合，实践O2O模式的专业公寓运营商。已经布局杭州市场，进军上海市场。计划在2018年发展到20000套，在2019年发展到50000套规模。目前，德信在杭州的集中式租赁规模达到行业第一，超过链家。

/ 特色小镇 /　　产业小镇是德信"一体两翼"业务架构的重要一翼。一方面是以科研办公为主的产业园区，一方面是整合旅游、休闲、文化、生活配套等资源打造文旅综合体。代表项目包括德信·莫干山小镇、仙居德信文旅综合体、玉环漩门湾项目。

/ 文化 /　　2014年成立德信影城，专注于娱乐、文化、体育、旅游行业，布局全民大消费时代。2016年10月正式更名为"浙江德信影院管理有限公司"，公司致力于高端影城的投资开发与运营管理。目前已在宁波、无锡、泗阳、深圳、重庆、杭州等地区共计开业影城23家。2017年营收近1.2亿元。2018年，德信影城将进军珠三角区域，预计共开业影城16家。

/ 医养 /　　2017年成立德宜健康，面向社区医疗、机构养老两大业务板块。2017年联手物产集团旗下中大地产，以云峰大厦等项目为试点，布局养老健康产业，把云峰大厦北楼及裙楼作为双方首个合作养老机构的运营场所，目标是打造继朗和国际医养中心之后又一个服务高端养老群体的品质型医养结合养老机构。

/ 创投 / 　德信集团于2015年12月成立泛创投资。这是一家众创空间和
创投机构，涉及投资方向有金融科技、移动应用、高新材料、
前沿科技、普适计算、虚拟/增强现实、教育科技，是以前沿性
与创新性构筑的国际一流的天使投资和孵化平台。目前已经运
营3个办公场地，计划每年从各地引进100个项目和20个高潜
力项目，其中孵化项目60多个。

/ 海外 / 　2014年在美国注册成立DMG投资有限责任公司，是德信旗下
专注于美国地产开发和投资的全资子公司。公司立足纽约华尔
街，放眼全美各个人口及就业高速增长的城市。目前在美国多
个主要城市和地区，如纽约、休斯顿，完成了6个项目的收购
和开发。

费忠敏
德信地产总裁

1969年生。1997年加入德信，现任职德信地产集团总裁、德信
控股集团常务副总裁。上海交通大学EMBA管理硕士学历。

对话华鸿嘉信董事长李金枢

最年轻浙系房企的
赶超之路

——

在"崛起中的浙系房企"名单里，华鸿嘉信是最年轻的一家企业，成立至今未满六年，却已经做到了规模放大10倍，年销售额350亿元、跻身全国排名TOP65。

起步于温州，与万科、碧桂园和中梁等企业直面竞争，做到了稳居温州市场第一。2017年才开始走出温州，2018年已经开启冲刺千亿模式。

华鸿嘉信如何在一城之地做到几百亿的规模？作为后起之秀如何在激烈竞争中保持很高的发展速度？又如何在更广的布局框架中快速到位和打开局面？

一、如何做到温州第一？

华鸿嘉信2012年在温州注册成立，2016年就做到了温州市场占有率第一，并在2017年蝉联首位。2017年的市场占有率达到18%，远超过外来大鳄万科、碧桂园和本地老牌中梁等。另外，从华鸿嘉信2017年的货值分布来看，70%以上销售额都出自温州一个城市。

表1 2017年各家房企在温州的市占率

排名	房企	市占率
第1名	华鸿嘉信	18%
第2名	万科	8%
第3名	德信	8%
第4名	碧桂园	7%
第5名	中梁	5%
第6名	新希望	5%
第7名	绿城	3%
第8名	新湖	3%
第9名	宏地	3%
第10名	置信	2%

资料来源：三角洲研究院

作为后起之秀，且成长过程伴随着温州市场2013年前后的泡沫期和2017年以来的地价房价走高期，华鸿嘉信是如何在这个起伏很大的城市中成长为第一的？

1.逆市拿地，错位占领市场

2013年前后，三、四线城市处于开发商去库存为主基调的下行期，温州市场下降得尤其快，房价几乎腰斩。在本地开发商失去信心、外地开发商不敢进入的形势下，华鸿嘉信却坚持在温州加仓。主要有两个方面的考量：一是判断温州市场下行是阶段性的，抛物线的上升期很快就会到来；二是当时虽然房价腰斩，但地价更低，作为较小规模的本土开发商，应对优势更明显，既能依托对本地需求的准确把握，精准拿地，又可以确保"小链条"的灵活运作。在别人都撤离几乎没有竞争的情况下，不失为一个占据市场、逆势发展的机会。

2.实行快周转，流量助推规模

华鸿嘉信是温州最早开始快周转的浙系房企，另外一家较早开始快周转的是中梁，这可能是温州企业不同于杭派、甬派等其他浙系企业的特点。

华鸿嘉信在温州拿的地一般都是中小体量的，占用更少的资金，形成更快的周转。在温州市场的下行期，华鸿嘉信拿地后，没有停下来等待房价上涨，而是通过实行快周转让整个项目快速运转，资金快速回流，再接着投入下一个项目，以此在地价下跌时靠流量获取更多的土地储备，为它在温州市场占据一席之地打下基础。到了行情好转时，快周转的经验让它更熟练地快速拿地、快速开发、快速开盘、快速周转现金、快速获取更多项目，同时扩大资金杠杆，助推整个规模不断扩大。

3.核心区深耕，阻拦竞争

华鸿嘉信在温州的货值分布实际上是比较集中的，存在几个核心区。比如在瑞安市、龙湾区，都能做到60亿—80亿元的规模。所以它在温州采取的是在核心区域深耕的做法，这显然对在一个地方通过多项目覆盖全城、形成较强的市场认知，从而占据市场、赢得竞争，是非常有帮助的。

4.打造改善型产品，当地品牌认知度高

温州有着强烈的地方特色。社会学大家费孝通在其代表作《乡土中国》中，提出了"熟人社会"的概念，这个概念最根深蒂固的地方，就是以温州为代表的东南沿海地区。在注重宗族裙带关系的熟人社会里，

讲面子、好跟进、爱抱团是三大标签。

人们的这种消费观在房地产市场买卖关系中表现得尤为显著。所以高价房、口碑房可以"日光"，而竞品却滞销数年。在2011年温州市场下行之前，温州房地产市场呈现出星河湾式的高品质趋势，产品外在品质、社区景观绿化与高端物业服务，成为客户竞相追逐的附加产品。在市场下行之后，华鸿嘉信的产品依然热销，正是因为产品品质经得起熟人社会的"面子与抱团"，能够在温州这个熟人社会深耕，更能说明这个问题。

作为本土企业，华鸿嘉信对温州市场的需求特点把握得比较到位，这是它的一大竞争力优势。梳理华鸿嘉信的产品，从早期的不计成本与豪宅"品相"到当下的标准化设计与施工，都体现了浙系房企的精工品质。2018年，华鸿嘉信提出"全面优质，综合超越"的产品理念，"无印良品"式的改善型产品让它在市场上颇具竞争力，形成区隔市场的"嘉华系""琼华系""丰华系与芳华系"的住宅产品体系，在建筑细节、景观绿化、公共空间等细节上不断精进。也因此，当地人对华鸿嘉信产品和品牌的认可度，是高于那些全国领先的品牌房企的。

凭借产品力，华鸿嘉信聚焦市区低容积率地块，靠物业的稀缺性来获取收益。比如在温州市区，市场不乏刚需产品供应，但是华鸿嘉信在市中心获取的低密度物业，通过做改善型产品赢得了一部分高端市场。

作为当时市场的初创企业，华鸿嘉信表现出了坚定不犹豫、积极应对市场的性格。通过拿小体量、可以消化的地做快周转，确保企业运转的同时也提高了安全性；通过深耕快速做大流量和品牌，抓住市场空窗期，逆势实现企业发展上一个台阶。之后再有城市出现市场调整的小周期时，这未尝不是一种新的投资布局思路。

二、为什么"离开"温州？

2017年，华鸿嘉信进行了重大的战略调整，提出"走出温州，走进杭州，面向全国"，并且将总部从温州搬到了杭州。我们不难理解这是房企进一步追求更大规模和发展的必然之路，然而对于华鸿嘉信而言，这背后或许还有其他方面的考量。

最主要的原因是"温州变了"。2017年，三、四线城市的房价迎来一波快速上涨，"风险解除"的温州不断有大型房企进入，导致地价逐渐抬高，更重要的是土地获取的门槛也在逐渐抬升。土地市场一旦活跃起来，政府也会筛选综合实力更强的企业，推出的地块体量都比较大，起拍价也很高。

这时候获取一宗土地对于处在发展规模重要阶段的300亿元量值的企业来说，占用的资金过高，就会非常"不经济"。比如，在温州当下这种泡沫环境中，一块地一年只能卖8万平方米，剩下的就是库存。如果换成其他地方的两三块地，也能保证每个项目每年卖8万平方米，这样一来整体的流量就上来了。

另一方面，温州的大拆大改力度很大，拆改带来的都是体量比较大的地块。华鸿嘉信不仅资金优势不敌大企业，而且擅长的逻辑是小体量地块的快速周转，这种供给环境显然是对企业不利的。

所以对华鸿嘉信来说，如果在温州继续扩大投入，从利润空间、资金效率和快周转上考虑都不合适，无法满足企业快速发展规模的阶段战略。因此要到温州之外的地方布局。2017年下半年，华鸿嘉信开始关注浙江其他地方以及省外的土地市场，并且在杭州、嘉兴及福建省各地竞得地块。李金枢介绍，温州销售额的占比会由70%调到2018年50%，

2019年估计是30%。同时，果断将总部迁出温州，落地杭州，显示了战略决心。

至于为什么将总部迁出来，李金枢表示是为了在更开放的城市获取更大的金融整合能力和更多的人才供给，帮助企业更好地打开全国市场。"本来打算在上海、杭州这两个地方选址，最终选择了杭州，虽然它在经济和人才等方面不如上海，但更适合我们现阶段的节奏。"

三、走出温州前做好了准备

地方型房企转型为全国化房企，运营模式调整和企业管理水平升级是必不可少的。华鸿嘉信在走出温州之前就已经开始准备，"练好内功"，用更加高效的运营机制，应对更激烈的竞争。

1.人才升级和储备

外部引进人才激活企业活力。华鸿嘉信从2017年开始大量招聘行业明星职业经理人，外部引进和内部提升相结合为企业发展输送人才。李金枢看重外部高端人才带来的观念、制度上的创新，有助于提升企业的标准化程度，"好东西靠自己摸索是不够的，适应不了现在的快速发展方式，所以我们要引进高端人才"。

梯队培养，快速锻炼和提拔可用人才。华鸿嘉信在储备干部的培养上有两个梯队，一线梯队是马上就要接手项目的项目总、副总人选，二线梯队是职级较低但对企业认同感和熟悉程度都很高的管理型人员，给非一线打拼但有能力的人以晋升空间。

新进入的城市以成熟团队为主。华鸿嘉信在温州之外的浙江其他地方以及省外布局，将成熟团队的优势发挥到了最大化。"一般外地的城市都是用温州团队出去的老员工，新来的员工一般都在温州本地。"这是因为华鸿嘉信对温州当地的市场熟悉度很高，新的团队也能够快速上手。而进入一个新城市，要想快速融入当地环境，需要熟悉公司的"套路"，跟随公司成长的老员工更能快速适应当地环境。

2.开放股权合作

华鸿嘉信所有的项目股权都是开放的，主要有企业合作和员工跟投两种，每个项目设置5%—20%的跟投比例，而且对合作单位、管理层家属都开放一定比例的股权。

作为浙系新生代房企的代表，突破思维的禁锢，吸收行业内先进管理理念，管理跟上发展，管理促进发展，这是华鸿嘉信的独特优势。做好了人才升级、人才储备、内控建设和开放合作机制的准备后，将总部落地杭州，开始朝其他区域扩张，就会平稳过渡，迅速打开局面。

四、面向全国的打法

纵观华鸿嘉信的规模发展路径，四年复合增长率高达230%。2017年的销售规模接近350亿元，跻身全国百强TOP65。李金枢告诉我们，华鸿嘉信要在2020年前冲击千亿目标。

34　56　64　210　349　500

2013年　2014年　2015年　2016年　2017年　2019年*

* 2019年为目标数据。

数据来源：企业提供

图1　华鸿嘉信的发展规模（单位：亿元）

我们已经见证了深耕温州的华鸿嘉信在一个城市的跨越式发展，但在当下"走出温州、面向全国冲千亿"的时代，华鸿嘉信如何在目前仅有少量外地项目布局的情况下，真正实现"走出去"以助推规模发展？

华鸿嘉信提出了"深耕浙江，聚焦华东九省，关注全国市场"的布局战略。在具体的选择城市的战术上，李金枢给我们介绍他的思路：先以"狩猎"模式广撒网进入目标城市、试探市场；再根据市场情况判断下一步是有限进入还是强化深耕；确定深耕的城市，将在其周边继续展开"狩猎"。不会在一个地方连续拿地，而是会进行验证，一般半年以后根据利润空间、供应量是否可控，是否位于都市圈的协同发展之地等因素，再决定是否追加拿地、做深耕。

根据这个思路，在走出温州、布局浙江的2017年，华鸿嘉信在丽水、台州、嘉兴这些城市拿了项目，并且从一个项目做到了第二个、第三个，目前逐步形成了温州之外的环杭州、环温州的投资布局版图。

在深耕浙江的同时，尤其是进入2018年后，华鸿嘉信将布局半径扩大到了安徽、江苏、湖北和福建，广撒网进入更多的省份城市。根据对这些城市的利润空间、需求定位、竞争情况、壁垒情况等方面的判断，安徽阜阳和湖北的荆门、孝感等城市被确定为适合做深耕，并且可以将单个城市和周边连起来作为一个大的区域市场。目前已经形成了皖北和环武汉两大深耕区域，以及围绕大本营温州的浙南区域。从2017年年底到现在，华鸿嘉信在环武汉、皖北和浙南区域共布局了十多个项目。

对于成长型的企业，有时候必须要采取较大的布局广度、较多根据地的做法。华鸿嘉信之所以这样做，是因为对目前房地产布局的几种模式的优劣进行了比选。

一种是一进入城市就做深耕，但是容易出现地方政府供地量大的情况，供应量大了市场就会迅速下行，一块地比一块地便宜，在这些地方做深耕很有可能拖累企业的发展速度。另一种情况，企业不断地以"游牧"的形式，在各种快周转城市快速进出，这种情况也许会获得红利，但企业会做得很累，而且隐形风险非常大。

华鸿嘉信最终选择的是这两种方式的结合：在多个城市撒网，能做深耕的马上做深耕，进行市场验证后再决定下一步的投资策略，既能有效规避风险，又能实现利润和规模的提升。华鸿嘉信的这种布局策略是综合了几家标杆性快周转企业的多种模式的特点，李金枢坦言，未来将在节点奖励、成就共享、跟投等激励制度方面对标碧桂园、借鉴中梁，进行更多改革提升。

那么，华鸿嘉信在深耕区域是如何做的？

·占据城市中心，做区域标杆项目，凭借产品力和对市场需求的判断力，做高品质产品，引导当地改善需求，在当地做出品牌效应。

·实行快周转，凭借团队的经验，做到项目的快速运行和资金快速回流，确保资金使用效率最大化，以不断获取新的项目，在当地迅速做出份额。

·团队设置上，让原有温州走出去的成熟团队将华鸿嘉信的经验快速复制到新城市。

·与在陌生的地方要求利润率以平抑周转慢等风险不同，深耕的地方重品牌和流量，利润率的要求可以放开一些。

·一个深耕区域做到100亿元，将来成立多个根据地，实现可控的千亿节奏。

五、"一定要控制风险"

有趣的是，作为浙系中最靠近福建的温州房企，华鸿嘉信融合了闽系和浙系的性格特征，既有追求速度和规模的激情、果决，又有极强的风险意识，追求稳健发展。李金枢表示，他努力让华鸿嘉信这家企业，在高速增长规模的同时，追求一种平衡、稳健、可持续的发展模式。用他的话说就是，"我这个年龄不会再二次创业了，华鸿嘉信的发展一定要安全，一定要控制风险"。他对风险的层层抵御做得很到位，表现在企业运行中的诸多环节。

·资金上，杠杆不宜放得太大。每个项目中使用杠杆的比例要控制，尤其是不在土地前端使用较高利率的资金，要为之后的政策调整、市场周期波动进行综合考量。经历过温州泡沫经济破灭，华鸿嘉信对民间资本持谨慎态度。

·拿地上，资金状况决定拿地节奏。资金宽裕时多拿地，做大流量；资金紧张时抓紧回款，控制风险。

·布局策略上，量力而行，不为了规模而规模。进入城市后，经过半年时间的验证再确定是否追加投入做深耕。

·投资策略上，实行快周转，通过项目自身的资金回流解决大部分发展资金来源问题，且拿的地一般是30万平方米以内的中小体量地块，可以形成快速周转，不会在较长的开发周期中形成风险。

·全方位鼓励更多的企业内部员工进行跟投，锁定风险，提高运营效率。

·体制上，要随时纠偏纠错，一旦发现问题，及时调整。

....

华鸿嘉信在杭州的总部位于钱江新城的核心楼宇，在李金枢的办公室可以一览无余地看到这个城市最壮丽的钱塘江景，让你直面感受到这家年轻企业散发出的自信、进取。期待这家已有深厚基础的成长型企业，在新的发展阶段能够再次令行业瞩目。

企业发展历程

2012年	● 成立于温州
2015年	● 获评温州房地产业"最具影响力企业"
2016年	● 成为温州市场占有率第一的房企
2017年	● 蝉联温州市场占有率第一 将总部迁至杭州，开始全国化的布局战略
2018年	● 制定"2018奋战500亿元，进军千亿房企阵营"的发展战略 制定"深耕浙江，立足华东，面向全国"的布局战略 提出"全面优质，综合超越"的产品理念，形成 "嘉华系""琼华系""丰华系与芳华系"的住宅产品体系

李金枢
华鸿嘉信控股集团董事长

浙江省永嘉县人。1988年进入房地产行业，于2012年组建华鸿嘉信集团。荣获了"浙江省住宅产业十大领军人物""温州市温商回归功勋人物"等荣誉称号。

对话绿城管理董事长李军

代建"游戏"规则
制定者的方法论

———

·一家轻资产企业，管理200多个"别人的"项目，且分布全国各地，如何管得住、管得好？

·没有参考对象，作为行业试水者，如何玩转出一套规则体系？

·房地产轻资产模式在这个行业的空间有多大？

这是我们对绿城管理这家房地产代建公司最想深层次了解的问题。

绿城管理2017年实现销售额430亿元，截至2018年10月，代建和管理项目达260个，销售额突破400亿元，总建筑面积近6000万平方米，预计可售总金额达3800亿元。这相当于一家大型房地产开发企业的体量。

作为国内最早以轻资产模式运作的房地产开发管理型公司，绿城管理除了在规模上领先，还扮演着代建行业先行者和规则制定者的角色，非常具有研究意义。

与绿城管理集团董事长兼总经理李军先生的交流含金量颇高，长达6000字的论述，将全面呈现在传统优势和新形势、新机会下，绿城管理如何下好房地产轻资产运营这盘棋及李军的经验和思考可以给行业哪些启发。

一、代建的"成绩单"比一般自投项目出得慢

绿城管理2018年的销售目标在500亿元以上，前十个月就超过了400亿元。李军的节奏是保持30%以上的年复合增长率，以这个速度三年可翻番，预计到2020年便可达到千亿销售。我们注意到，3800亿元货值按照正常去化速度，2018年即可实现近千亿的销售额。代建的去化速度和储备量为何有这么大的落差？

李军给出两个方面的解释。一是代建项目的转化期本身就比自投拿地项目的转化期要长。一般来说，委托方需要代建的项目都存在操作难

度，比如前期关系复杂、资金困难、供应链成本高等。李军坦言，代建项目某种意义上可视为一次项目并购，要先帮委托方解决一系列问题，梳理好前期关系、做好资源导入、甚至是融资支持，这些都解决后才能把项目推动起来。第二个原因是项目多为新增，近期绿城管理获取代建项目的速度很快，2018上半年就新增了97个项目，而2017年交付量也很大，所以正处在新旧项目转换期，预计未来会加快签约项目的转化。

二、不以能级划分城市，更精准锚定代建机会

绿城管理的城市布局思路在不断地升级优化。以前，代建是"守株待兔"式的机会主义，绿城做代建知名度在外，一般是委托方自行找过来的。2017年开始，绿城管理开始主动把控城市布局，现有签约一、二线城市项目占比40%，三、四线城市占比60%。这不难理解，因为一、二线城市的项目获取难度大，一般都是大型房地产开发商主导，所以较少找代建，三、四线城市的机会就相对比较多。

这也让李军明白，代建的城市选择逻辑和自投开发项目并非一致，绿城管理不再以一、二、三、四线的城市能级为标准来选择城市，而是找和绿城的代建能力相匹配的城市。他列举了三个点。

一是看市场趋势，核心城市及其溢出区域，代建的机会大。

这类城市或因为集聚效应带来的机会，比如南宁、太原；或因为承接核心城市的溢出红利，比如上海、成都的周边城市，市场处于上行期，竞争还未饱和。这类城市往往是中小开发商的热土，他们对更高的溢价能力的需求决定了代建的机会。相较于经济水平和房地产发展程度低的城市，这类城市有更多对品质住宅的消费需求。绿城管理有一个拓

展标准，房价水平在6000元每平方米以下的城市不考虑进入，因为那些刚需市场消费水平和绿城的改善型产品不匹配。

> **刘晨光：** 核心城市及其溢出区域，与我们对房地产投资城市分类的B类是一致的。这些城市比如南京、武汉，它的发展是倾斜式的，它会带动周边城市一起发展，产生溢出效应，形成环核心城市的都市圈格局。如此一来，开发商的想法也和原来不一样了，尤其是中小开发商，在更加开放的大区域市场里，如何快速延伸业务、在当地扎根落位，既考验自身能力，更考验应对速度。
>
> **李军：** 不仅仅是这样的开发商需要借助绿城代建的力量快速跟上溢出型城市的发展红利，很多非房地产企业和当地政府手上有存量资产，它也有这个需求。

二是看政策红利。

比如在推行土地供应双轨制的郑州，当地企业获取大量村级留用地后，碍于开发能力和溢价能力的不足，需要代建，大绿城体系在郑州的代建项目已经超过10个。再比如雄安新区，中交集团及绿城中国响应国家政策已经做了战略布局，绿城将最大化发挥自身优势，做出代建示范效应。另外，绿城管理2017年底至2018年初陆续成立了几个片区，比如中南区域、华东区域和珠海、三亚、石家庄这样的城市公司，都是结合国家的政策导向来设定的。

三是看品牌认可度。

绿城品牌的认可度在全国并不是一致的。有些城市对绿城品牌、产品品质的推崇尤甚，代建被认可的程度也更高，其在杭州乃至浙江政府代建领域的绝对优势就是佐证。再比如西安政府非常推崇杭州的城市发展及其品质开发商代表绿城，绿城在当地相当于有了政府的信用背书。很多中小开发商或者已经拥有土地还未被政府收储的非开发企业，就会找绿城管理做代建。尤其西安现在是"抢人"的市场氛围，企业需要快速承接上这波行情，迫切需要代建将项目更好更快地变现，需要借助绿城的品牌、资源、金融背书以及在市场端的整合能力。"我们在西安的代建机会井喷，截至目前，已经有7个代建项目。"

所以在李军看来，代建的城市选择逻辑，不能简单地划分城市能级，要寻找匹配绿城核心能力的市场，要深挖适合代建商业模式的城市。

> **刘晨光：** 以绿城管理的经验，全国范围内代建的"沃土"城市有哪些？
>
> **李军：** 除京津冀、长三角、珠三角、成渝都市圈外，郑州、武汉、西安、石家庄、南宁、昆明等城市及周边都存在较好的代建业务机会。关键点是当地的房产品改善需求快速提升，但当地开发水平满足不了，那我们的机会就来了。

三、商业模式：为中小企业赋能，平抑周期波动

业内流传"用一个标准，团结全国中小房企，和千亿巨头们一决高下"的说法，意指绿城管理通过代建，赋予中小企业以市场竞争力。那么，绿城代建能够为委托方带来哪些赋能？

首先是最后端——销售上的溢价。

绿城的产品标准和作为国内著名品质开发商的品牌效应，为项目带来

定价优势和市场认可度转化的去化能力，这是大部分人最直观看到的代建的价值。

其次是前端——能够为委托方提供信誉背书。

这在很多环节都能体现出来，比如拿地环节，有些委托方对地块有意向，但中小开发商没有拿地资格，或者政府要求高，和绿城合作就可以拿到土地甚至低价获取，这个环节绿城管理给委托方带来的价值，比后期的销售溢价更难得。又比如在获取融资时，很多金融机构会因为绿城参与代建而通过融资方案。

最后是中间环节——绿城代建能够在设计、集采等环节上，凭借成熟的供应商体系和成本控制能力，为委托方"省钱"。

这是很多人从表面上看不到的代建的价值。李军笑言："大家对绿城的印象是造的房子比别人贵，不计成本。恰恰相反，我们有自己成熟的、非常市场化的运作体系，成本控制能力非常强。"回看绿城在杭州做的保障房项目，成本与同行差别不大，房子的品质往往高出很多，是一样的道理。

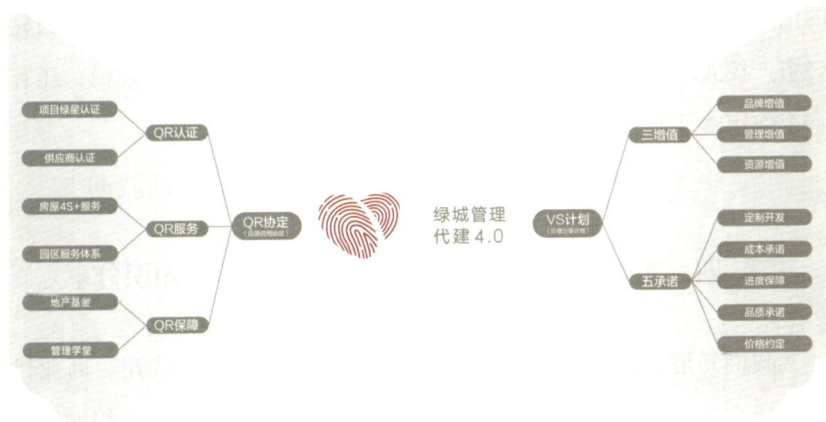

图1　绿城管理代建4.0体系

那么绿城做代建的收入怎么计算？李军告诉我们，绿城管理的收费包含三个部分：一是人员性费用，二是与在建面积、施工进度挂钩的基础费用，三是与销售回款挂钩的奖励费用，综合起来大约占到项目总销售额的5个点。这在代建行业里是很高的收费比例，但这些费用都是通过管理赋能及品牌溢价获取的，并不侵占委托方的原有利益，同时还为终端客户提供了更令人放心的高品质房产。这一共赢的轻资产商业模式正在为越来越多的房企实践。

轻资产模式在房地产天然的经济周期里，与重资产模式形成反周期，起到"削峰填谷"的作用。

房地产行业有天然的杠杆放大效应，在上行周期，开发企业现金回流快，于是加大投入买地，进一步推高地价、推高房价，再回流和加杠杆，核心目标是快周转；但是一旦市场调控或进入下行周期时，快周转策略就会出问题，于是竞相降价销售，甚至减配降质。去杠杆的过程是很痛苦的，部分中小开发商会难以为继。这反而是代建机会最多的时候，因为终端客户会更相信品质开发商，绿城管理能为委托方提供更多的信用背书，加快项目去化、确保现金流安全。于是下行周期更加凸显轻资产模式的优势所在，"就绿城中国而言，代建除了贡献规模，还有一个作用就是平衡周期波动，穿越行业牛熊"。

四、新业务模式：开发代建、金融服务、知识分享

我们知道，绿城代建根据委托方的不同划分为政府代建、商业代建、资本代建三大业务类型。此次访谈，李军正式对外透露：绿城管理将在代建业务板块之外，着力打造金融服务、知识分享体系。

其中，代建业务涵盖之前的政府代建、商业代建，以及将资本代建归为商业代建（逻辑一样，只是委托方是金融机构）。将原来资本代建中的另一个业务逻辑剥离出来，即融资服务、小股操盘、信用背书等，加上产业链的收并购，统一为金融服务。知识分享体系则囊括了培训（绿城管理学堂、易居沃顿商学院）、咨询（开发问题解决专家）。

开发代建	+	金融服务	+	知识分享
开发代建		项目融资		行业标准
商业代建		地产资金		开发咨询
资本代建		产业链投资		管理培训
城市更新		交易平台		认证服务

图2　绿城管理三大业务类型

1.开发代建之"政府代建"

刘晨光：绝大部分城市的地方财政仍离不开房地产。地方政府多数采取细水长流、量入为出的土地财政政策，资产增值将是地方政府增加收入来源的一个方式，比如通过旧改对存量资产进行增量改革、长租公寓、政府租赁用房等。

李军：政府作为大量资产的所有者，它需要资产的开发者、营造者加以运作，才能实现资产增值。这和绿城代建的逻辑是契合的，我们不需要拥有资产，我们通过输出品牌、管理和服务，可以进一步放大资产效应。

绿城代建在政府代建领域已经有了丰富的经验和较好的口碑（有超过40%的委托方是政府和国有企业）。李军透露，绿城管理2018年在政府保障房板块将达到1200万平方米的在建面积。

在政府资产运营被提上日程的背景下，绿城代建如何继续在这一领域发挥优势？杭州城中村改造的160个项目，将腾挪出约67万的人口，政府建了一万套保障房，待补的量是有很大空间的。李军表示绿城管理将更多地介入政府保障房建设（绿城管理旗下的绿城乐居，是中国规模领先的保障房建设公司），还准备应对政府未来可能的新模式，比如租赁物业的开发及运营等。

2.金融服务

从产业形态来看，横跨地产、金融是轻资产企业的大势所趋。从行业环境来看，房地产行业对于资金的需求在不断增加，代建委托方对引入资金支持的需求也越来越多。绿城管理集团将金融服务作为三大核心业务之一，通过与绿城资本、基金公司协作，引入社会资金，解决委托方的资金需求，从而推进金融服务、产业链收购等业务的发展。

3.知识分享体系

绿城管理在做代建轻资产服务的过程当中，同时在做一个知识分享体系。绿城管理成立了管理学堂，有内训、外训，包括和易居沃顿、中欧商学院共同打造一套房地产的培训体系。"我们理解这个行业需要标准，需要知识分享。""最大价值的商业模式是分享模式。"

五、打造"绿星标准"，做行业规则制定者

绿城代建目前尚无竞争对手。李军告诉我们，仅2018年上半年，绿城管理就新增了97个项目，这个数字超过历年全年的项目增长数。他对此并不意外，"当绿城管理内生的平台逻辑发生变化，当代建模式逐渐被房地产市场认可，规模增长则是顺理成章的结果"。管理项目数量的增长已不再是李军追逐的目标，他需要思考的是如何在内部扩大管理边界，如何在外部引领行业发展。

绿星标准的打造是绿城管理作为行业领先者的一个重大突破。

自2016年提出代建4.0体系以来，绿城管理不断有新的引领行业发展的思考。2018年3月，绿城管理正式对外发布绿星标准，作为代建行业认证标准。随着代建项目增长越来越快、越来越多，李军认为有必要对产品标准、运营标准进行一个统一的描述。"代建是一个社会资源整合的过程，有无数的参与方、供应商。需要一个统一标准体系，统一的认知体系和语言体系。"

在绿星标准体系中，委托方可以根据土地、资金等情况，确定星级标准，一键选择产品、供应商、运营团队和物业服务等主要内容，通过绿星平台案例库选择案例对标，提前明确成本区间和预期收益，并可实时监督工程进度和进行成本管控；供应商可以共享绿城代建平台资源，如信息资源、维保资源、知识体系等，公平、透明，获得更优质项目和发展机遇；而对购房者而言，则可以更全面地了解全周期的产品营造标准与过程，并享受更多增值服务。

表1 绿星标准部分产品指标

一级指标	二级指标	三级指标	权重（分）	分值系统（百分比）		
产品指标	建筑设计	外立面材质	2	0.6	0.8	1
				外墙全部采用仿石涂料/真石漆/质感涂料/仿面砖涂料	基座局部采用石材，大面采用仿石涂料/真石漆/质感涂料/仿面砖涂料	基座采用石料，其余楼层外墙采用石材或仿石涂料；或采用铝板、玻璃幕墙、新材料等
		人车分流	2	0.6	1	
				组团内人车分流	完全人车分流	
		※①架空层（仅针对非寒冷、严寒地区及具备下跃户型的项目）	2	0.6	0.8	1
				不设架空层	围绕主庭院的楼层设置架空层的数量应≥30%；层架空面积应≥住宅投影面积10%	围绕主庭院的楼层设置架空层的数量应≥60%；总架空层面积应≥住宅投影面积20%
		标准层层高	1	0.6	0.8	1
				2.8—2.9米（不含）	2.9—3.0米（不含）	3.0—3.15米
		地下车库净高	1	0.6	0.8	1
				主、次车道≥2.2米	主车道≥2.4米 次车道≥2.2米	主、次车道≥2.4米
		落客雨篷	0.5	0.6	1	
				园区主要出入口设置落柱真石漆落客雨篷或金属构架挑棚	园区主要出入口设置落柱石材落客雨篷	
			0.5	0.6	0.8	1
				雨篷净宽≥4.5米	雨篷净宽≥5.5米	雨篷净宽≥6米
		门厅大小	1	0.6	0.8	1
				首层15—18平方米（不含）	首层18—20平方米（不含）	首层≥20平方米
			1	0.6	0.8	1
				地下室15—20平方米（不含）	地下室20—50平方米（不含）	地下室≥25平方米
		※②主阳台玻璃栏板高度	0.5	0.6	0.8	1
				1.1—1.2米（不含）	1.2—1.3米（不含）	1.3米及以上
		门窗	0.5	0.6	0.8	1
				型材均采用粉末喷涂断桥隔热，五金件采用国产知名品牌	型材外侧氟碳，内侧粉末喷涂断桥隔热，全部LOW—E中空玻璃，五金件采用坚朗、立兴等国产一线品牌	型材外侧氟碳，内侧粉末喷涂断桥隔热，全部LOW—E中空玻璃，五金件采用诺托、格屋等进口知名品牌
		园区大堂主入口	0.5	0.6	0.8	1
				不可设置室内空间，设通过式灰空间或门廊	≥100平方米	≥150平方米

绿城管理的定位是做"中国第一的房地产开发服务商"。李军坦言，这个第一有压力，最大的挑战不是来自同行，而是对代建商业模式的探索。管理着全国范围内260多个项目，接触的是不同类型的委托方（政府机构、国企央企、民营企业、资本机构，甚至私人），如何平衡这些B端大客户与众多C端小业主的需求，是个很微妙的过程。

"委托方普遍的诉求是控制成本、提升售价，以实现利润的最大化；而购房者要的是超高品质、超低定价。所以，我们只能通过专业赋能，为双方提供更多的增值服务，通过绿城的品牌溢价及供应商能力，提供更高性价比的产品，以平衡双方的预期。"

李军还透露，因为部分城市的限价，有些委托方对成本的限制已无法达到绿城的品质底线，2018年上半年主动解约的项目就有17个。在他看来，绿城在购房客户里形成的品质信任是保证其品牌优势和代建地位的根基，这点绝不可动摇。

除了与委托方的关系，内部管理也是一个没有前例的新课题。公司快速发展，管理难度也随之加大。如何优化组织架构、授权机制、考核和激励机制，以寻求科学高效运作，是李军面临的最大压力，"没有学习对象，只有不断摸索调整"。

目前，在组织架构上，绿城管理实施集团直管和区域/平台分管模式。集团主要负责项目的前期研判、产品定位、设计管理、供应商准入、品牌应用等核心职能，直管的一般是针对大客户，且能起到样板作用的项目。区域公司和平台公司承担其分管项目的具体业务，包括团队组建、工程营造、营销管理以及委托方需求响应等。其中平台公司采用事业合伙人制，推行阿米巴经营模式，拥有强大的战斗力，是绿城管理"攻城略地"的前线部队。

在项目人员的匹配上，李军介绍，代建项目的核心人员均需要在绿城工作多年，尤其是项目总、工程分管领导、品宣负责人、综管负责人等。"当然，我们的团队是向委托方开放的，委托方也可以派人加入，这样在工作过程中就把监督机制、信任体系建立起来了。"

绿城管理已发展为"代建独角兽"，并持续推动行业的体系与标准建设。

六、互联网平台思维，未来有更多可能性

美世中国的一份报告显示，绿城管理2017年度的ROE（净资产收益率）超过50%，比互联网巨头BAT还要高，这从侧面反映出，绿城管理不是一家传统的房地产开发企业，它是基于房地产业务，用互联网逻辑思考和运作的公司。

一方面，绿城管理通过共享品牌，汇聚了一批委托方、供应商、金融机构等，最终通过搭建平台来开展业务，是典型的资源整合及共享经济模式；另一方面，绿城管理更加开放，致力于分享知识与经验，推出绿星标准，"形成标准体系，让C端小业主、B端大客户以及各类供应商，形成同样的认知标准并参与标准的维护和改进"。

轻资产的模式下更容易形成以经营B端客户或B端资产，来实现服务C端客户的最终逻辑。随着绿城管理作为代建行业规则制定者的影响力越来越大，规模发展越来越快，带来的流量越来越多，绿城管理未来发展的想象空间将更大。也许，庞大的业务流、信息流和用户流将推动这家公司完成另一种商业模式的探索。

···

　　不断增加服务内容，提供增值的服务，是绿城管理始终保持领先、与同行拉开差距的方式；建立在一个强大服务体系上的商业模式，最终为公司带来的也将是可观的盈利。当每一项服务都单独发展成一个独立板块时，代建费将不再是绿城管理唯一的收入来源。

　　拨开行业日趋繁荣的表象，李军强调说，不管是什么模式，绿城管理的底层逻辑是品质，这一点是不会变的。

　　"未来有不确定性，也有无限可能。"绿城管理已经在这个领域走出了自己的一条路，李军希望绿城管理走得更远，"做中国第一的房地产开发服务商"，绿城在代建领域的探索与实践或许会改变中国的房地产开发模式。

企业发展历程

2005年 ● 绿城集团首次介入杭州江干区"城中村"改造和安置房代建项目

2009年 ● 以"品牌输出、管理输出"为特征的轻资产业务模型逐渐清晰

2010年 ● 绿城房产建设管理有限公司宣告成立,正式启动代建业务

2015年 ● 成立绿城管理集团

2016年 ● 开创代建4.0体系,升级代建行业标准
绿城体系代建业务整合

2017年 ● 销售流量金额达到430亿元
市场份额占到全国主要19家房企代建总规模的40%以上
建立绿城管理学院

2018年 ● 发布绿星标准,进一步明确代建项目评定体系,成为代建行业的认证标准

李军
绿城管理集团董事长、总经理

1976年出生于浙江瑞安，毕业于浙江大学，获项目管理硕士学位。2002年加盟绿城，历任绿城房产集团质量管理部主管、运营部经理等职，构建了绿城项目风控与知识管理体系。2010年至2014年出任瑞安玉园项目总经理，实践绿城首个商业代建项目，2015年出任绿城管理集团总经理，2018年6月起任绿城管理集团董事长兼总经理。

对话中天房产董事长卢国豪

坚持品质，借力风口，稳健加速房地产

中天集团，源起于浙江东阳，以建筑起家，拥有69年的建筑工法底蕴和技术传承，形成了以中天建设为核心主体的建筑全产业链。中天房产，是中天集团取得建筑领域核心竞争力后，于2004年新成立的地产开发主体平台，目前已有近15年的地产开发经验。

先说几个关于中天房产的关键词。

被动　作为建筑施工行业的龙头，作为万科、华夏幸福、保利、绿地等规模房企的施工总承包商，中天房产可以说是被动转型的地产开发后起之秀。

潜行　刚开始进入房地产领域时，中天房产以财务投资为主，参股过许多知名项目，不少股权过半，却不为人所知，等到积累了足够的运营经验，才开始自主操盘。

品质　盲目追求高周转带来了楼盘品质下滑等行业现状。此时亟须一批具备品质基因的开发企业做出表率，推动行业的健康发展。中天房产把"无质量通病""零投诉"作为比扩充规模更为重要的发展目标，正符合要求。

加速度　中天房产凭借其突出的成本控制和运营能力，成为平安不动产等金融机构的重要合作伙伴，融资能力不亚于一、二梯队房企。在金融端不断深入房地产产业链的当下，只要能把握住风口，未来将获得更大的发展加速度。

与中天房产董事长卢国豪的深度访谈和观点碰撞，我们得以窥见中天房产依托集团的资源和产业链优势，构筑核心壁垒，发挥基因优势，练好品质和速度的平衡术。

一、区域深耕，适度扩张

和很多浙系房企"被迫走出去"不同，中天房产始终坚持"区域深耕+适度城市扩张"的投资布局逻辑，形成了以浙江为大本营，兼顾苏南和苏中市场以及湖南长沙、陕西西安和新疆乌鲁木齐这三个省会城市的布局格局。

在浙江大本营，中天房产逐步形成环沪区域、环杭区域、环浙江中部区域三大根据地。投资版图覆盖杭州（萧山、临安、富阳）、嘉兴（海宁、桐乡、平湖）、苏州（市区、太仓）、金华（市区、东阳、金义都市区）、绍兴等城市。

同时，进入西安、长沙、乌鲁木齐等异地核心省会级城市进行投资布点，并且以做中长期深耕型项目为主。目前，西安已有中天诚品（60万平方米）、中天花园、中天雅苑、中天锦庭4个项目，长沙有中天广场、中天栖溪里、中天星耀城3个项目，乌鲁木齐有博朗天御（100万平方米）、博朗天郡2个项目。

未来，中天房产将进一步形成"3+3+X"的投资格局。

·在环沪、环杭、环浙江中部三大根据地进行升维运作，通过区域协同，形成规模和品牌优势，扩大投资面。

·在西安、长沙、乌鲁木齐等重要的外围布点，择期加大投入力度，更多倾向中长期项目，夯实外围支点。

·择机进入其他二线城市和都市圈城市，抓住补仓良机，增加优质土储。

面对政策和金融的收紧，卢国豪选择保持足够的冷静。等到2018年第二、三季度集中去化和资金回笼之后，第四季度进入更多二线城市或都市圈城市，为2019年更大的迸发而做好蓄势。

2017年底，中天房产的货值储备接近400亿元。2018年底货值目标达到800亿元。

二、能穿周期的中长期货值储备

卢国豪为中天房产制定了与祥生（当年拿地保证80%上货量）、华鸿嘉信（拿地项目多为中小体量）等典型房企截然不同的投资计划，即设定短期和中长期投资占比分别为65%和35%，也就是说，中长期项目要占全部货量的3成以上，同时要求每去化一个中长期项目，就补充一个同等量级的项目。

他有自己的考量。

首先，在土地供应持续收紧的形势下，获取位于非城市核心区的中长期项目是企业的一个选择。虽然会对现金流构成挑战，但其对企业获得土地的持续红利和利润的实质增长是有益的。

其次，规模不是中天房产的核心追求，利润和品质才是。不受行情影响、攻守自如的稳健型规模扩张，和计划先行、可以穿越周期的中长期货值储备，与中天房产的核心目标是一致的。

"如果说前几年中天错过了'做大'的机会，现在中天不会再和'做强'失之交臂。"

对于中天房产而言，受益于集团总部的资源优化和统筹安排，企业对于现金流的敏感度并不是那么高。增加利润型产品的比重，获取有质量的利润提升，是卢国豪做此安排的题中之义。这一点，从企业2016年开始集中发力之时就已经在这样做。

2016年，中天集团把中天房产放到与建筑并列的主业高度，中天房产获得长足发展，此后每年的业绩增幅都达到60%。

业绩高增长的背后，就是历史储备的大型项目成功穿越周期，随着市场升温放大货值，实现利润超预期兑现。卢国豪告诉我们，2016年之前储备的区位优越且规模较大的项目，现在货值基本都翻了两三倍。

以临安的中天珺府为例。由于近年来行情向好，售价由5000元每平方米提升至15800元每平方米，项目货值也随之上涨，拿地时预估40亿元，2016年销售5亿元，2017年销售20亿元，目前剩余货值还有近80亿元（含车位、储藏室）。

此外，西安的中天诚品、东阳的中天东方诚品、乌鲁木齐的中天博朗天御等大体量项目，也都实现了50%左右的货值增长。

对于65%的"短期"项目，则要求做到高周转。以海宁的中天钱潮府为例，高层主打109平方米三房和130平方米四房两种户型，别墅主力户型为160平方米。不管是高层还是别墅产品，均切中当地的主流需求，实现快速去化和回款。

卢国豪告诉我们，凡是中天房产主操盘的项目，均实现利润覆盖成本，部分收益率还相当可观。从中可见其突出的投资布局和成本管理能力。

三、建设基因下的人才和品质管控

1.建立行之有效的激励制度

针对长短结合的货值储备结构，卢国豪为中天房产制定了两个维度的团队激励制度。

针对中长期项目，设置超额利润和重大里程碑节点激励；针对符合条件的短期项目，实施10%项目跟投，外加同心共享。两大维度互为补充，激发从基层管理人员到职业经理人的主观能动性。

除了团队激励，对管控体系也进行了相应的调整。

目前，中天房产主要采用"集团总部—项目公司"的二级管控模式，集团对销售、财务、采购、设计进行总控，项目直接进行相应的执行落地。

针对中长期项目，主要分布于长沙、西安、乌鲁木齐等省会城市，采用人员高配和能级高配的方式，实现更强势的市场开拓、更高效的企业管控，即保证管理的有效性，又做到管理的灵活性。

针对短期项目，主要集中在环杭、环沪、金华东阳等连片发展区域，实施"集团总部—片区公司—项目公司"的三级管控模式，片区设立营销中心、财务中心和成本管理中心，充分整合资源，提高管理效率。

2.打造包容进取的企业文化

在中天房产，包容开放的用人环境、开拓进取的企业文化，和科学完善的制度建设一样重要。

与其从外部招募高管，卢国豪更愿意从内部选贤任能，尤其是80后干部的培养和选拔。"为企业储备人才、蓄势发力的同时，可以让更多年轻人接受历练，收获成长。"中天房产的执行总裁李国富，就是一个阳光、缜密、稳健的80后，同时对新鲜事物充满了睿智的思考。

3.建立工程体系化和产品标准化

在房地产行业，一味追求规模提速，忽视品质管控，最终轰然崩塌的案例屡见不鲜。中天房产为了做到"每盘必优"，建立了一系列工程体系化和产品标准化。

对于2016年以后开发的所有项目，卢国豪要求必须达到绿色建筑设计二星标准。部分项目已执行绿色建筑设计和运营三星、健康建筑设计二星标准，目标打造成无质量通病和绿色建筑的标杆产品。

根据《浙江省绿色建筑条例》第七条规定，城市、镇总体规划确定的城镇建设用地范围内新建民用建筑（农民自建住宅除外），应当按照一星级以上绿色建筑强制性标准进行建设。其中，国家机关办公建筑和政府投资或者以政府投资为主的其他公共建筑，应当按照二星级以上绿色建筑强制性标准进行建设；鼓励其他公共建筑和居住建筑按照二星级以上绿色建筑的技术要求进行建设。普通民用建筑只需达到一星标准，只有国家机关等公共建筑才会有绿色二星的要求。

与此同时，规定PC工业化（即装配式建筑）应用率不低于30%。目前，建筑产业化基地已在德清、上海、西安、金华建成投产，在武汉、北京、郑州积极筹建，整体年生产能力超过200万平方米。

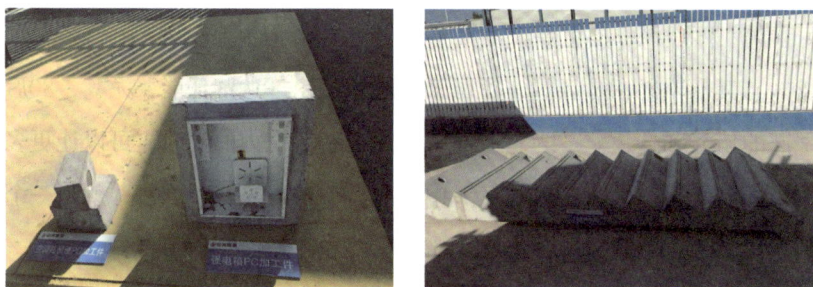

图1　中天房产某项目中的PC加工件

以杭州的之江诚品为例，PC化率达到80%，是省内预制率和施工难度双高的典型。此外，富春诚品（富阳）、东方诚品（东阳）、翰林诚品（金华）、博朗天御（乌鲁木齐）也都已推行建筑产业化的建造方式。

4.邀请业主共同参与质量监督和整改

在实际的项目施工和品质管控过程中，中天房产主要从内外两方面把好质量关。以中天钱潮府为例，首先是练好5项"内功"。

· 做到空间布局合理、物理性能优越。项目由一排高层和两排联排组成，规划排布相当简单。同时，整个园区的采光度、通风性等物理性能又非常突出。

· 提高公共空间的利用率。项目的高层均设有架空层，为社区营造更多的互动空间，为业主提供更多的休憩和邻里活动场所。

· 户型设计以宜居为目标。项目所有房型基本上做到了全明，以保证尽可能多的采光空间，整体户型设计动线分明，空间合理，舒适宜居。

· 践行绿色建筑设计二星标准。包括为了更好的蓄水能力，对园区绿化进行的下凹设计，包括一些强制的通风要求等。

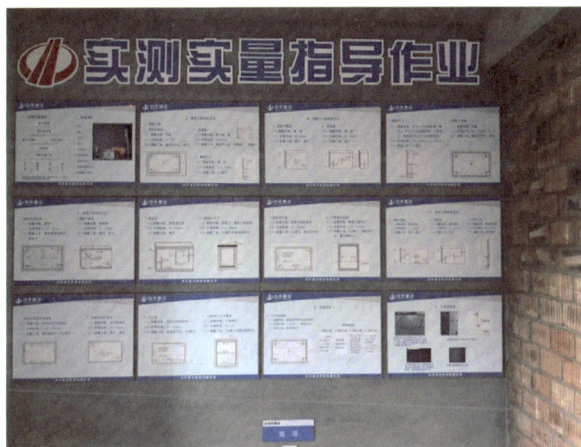

图2 节点控制、监督、制度上墙

·每一个细节的把控到位。在项目的重要节点，做到节点控制上墙、监督上墙、制度上墙，目标做到"无质量通病"和"零投诉"。

其次是借助"外力"。中天钱潮府为了邀请业主共同参与项目的质量监督和整改，在两个节点设立了工地开放日。

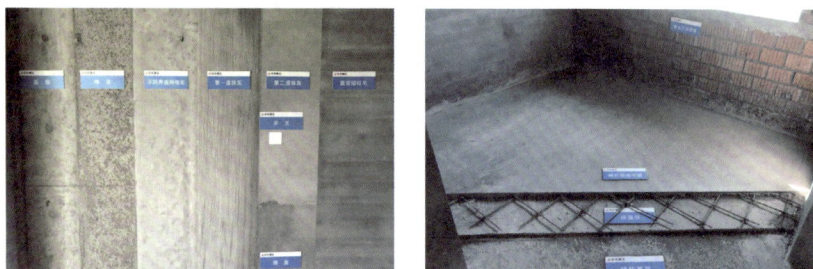

图3　在实体楼幢中呈现工艺工法

第一个开放日是封顶之前，将部品部件集中在室外予以展示。截至目前，针对部品部件的PC化率已经达到15%，虽然成本略高，工期略长，但对项目整体的节点控制和质量提升大有裨益。同时，在实体楼幢中呈现工艺工法，购房者基本可以看到毛坯房的准交房效果。

第二个开放日在交房前3个月，园区所有的绿化、道路、商业配套、公共空间等，全部实景呈现，邀请业主进行实地考察，提出修改意见，积极进行整改。

通过把所有的质量问题和节点问题，置于广大业主监督的放大镜下，切实提高项目的质量管控效率，这种做法是非常值得借鉴的。

四、修炼内功，抓住天然红利

几经周期轮回和行业变革，开发企业的生存环境已经发生翻天覆地的变化。时代选择企业成为必然，我们认为，中天房产就是那个被时代选中的房企。

和很多第一、第二梯队的房企相比，中天房产拥有更多发展机遇，包括：

1.股权合作

由于成本控制上的显著优势，在建设领域和很多开发商有充沛的合作机会；由于操盘项目获得金融企业的认可，在融资方面获得更为靠前的排序；此后通过股权合作，放大投资量和投资半径，未来假如制度设计得当，中天房产会有更大的发展。

2.供应链金融

在供应链金融逐渐活跃的过程中，开发商对建设单位的依赖度越来越高，同时建设企业承担的压力和风险也越来越大。展望供应链金融的未来发展，多家企业表示愿意更多地关注和投入。对于中天房产而言，不论从天然禀赋，还是客观因素，都具备获取更多融资的优势。

3.资源整合

作为全国最大的民营建筑企业，中天集团下辖中天建设、中天房产等20多家成员企业，产业链全面覆盖设计、装饰、安装、钢结构、幕墙、市政、道桥、消防等领域，经营地域覆盖国内20多个省、市、自治区，构筑起全国范围内强大的关系网络和信息网络。

未来，中天房产在选择进入城市时，会大力整合中天建设的市场网络与客户资源，在获取项目的途径上，在合作的途径上，在快速把握机会的途径上，做到快速启动，实现更稳更好更快地投资。

4.政府合作

借助中天控股和产业链优势，促成更多与政府或政府平台公司的合作。目前，中天房产已与临安、金华、温州等地的地方政府建立合作关系，共建保障房。可以预见，企业会获得更多宝贵资源，助力未来发展。

为了迎接天然红利，中天设计了"四大行动"+"三项优化"，做好运营升维的准备。

"四大行动"分别为：

缺陷排查行动：通过缺陷排查，加快提升产品品质，增强项目市场竞争力，力争达到每盘必优、零工程质量投诉，成为区域市场业主、客户首选的产品供应和服务商。

开发提速行动：通过缩短开发周期，促进开发规模提升，减少资金占用成本，提高效益，锻炼队伍。

产品标准化行动：配合公司战略制定，复制产品系经验，进行快速布局，缩短前期定位时间，保证产品快速实现，保障产品质量，推广产品线品牌，为中天品牌加分。

部品部件标准化行动：针对开发过程中项目之间普遍采用、具备一定通用性的部品和部件进行归纳、总结和修正，以此为契机，编制适合中天房产的标准化体系，从而便于集中采购，节省研发时间，有利于质量控制，进一步统一中天房产产品形象。

"三项优化"即运营流程的优化、信息化系统的优化，以及其他企业操作流程的优化。

通过落实"四大行动"和"三项优化"，实现四个层面运营水平的升维。

·产品层面：做到设计领先、质量领先、服务领先，打造无质量通病、绿色建筑标杆项目；

·品质层面：围绕"匠、心、家"的价值体系，以领先的建筑品质为特色主打，打造建筑、景观、户型、物业、社区各个方面均衡的宜居产品。

·品牌层面：2020年之前，完成由"精工品质开发商"向"全方位生活方案解决提供者"的转变，在长期发展中，扮演起"生活方式与产品的引领者与创新者"的角色。

·规模层面：以3年为期，制定短期计划，力求做到每个项目都盈利，尽快实现500亿元的目标，保障企业发展不受形势影响，攻守自如。

基本严格的品质管控与合理的运营机制，相比纯粹的房地产开发企业，中天房产更受金融机构和平台青睐，获取融资也更具优势。

中天房产在杭州之江板块的九溪诚品项目，成功吸引到平安不动产等金融地产机构进行财务投资，且成为平安在东南区域首个正式推出的项目（成本控制在该资管公司合作项目中名列前茅）。

投资布局富有远见，销售节奏快速推进，成本管控卓有成效，盈利能力远超竞品，政府关系良好，地方资源充沛，是中天房产带给合作方最直观的感受。

基于此，2018年以来，双方多次在土地市场进行联合竞买，并在萧山、临安、海宁等地持续深耕，且在有一定品牌知名度的区域项目上确立合作关系。

在3个多小时的采访过程中，我们发现了一些有趣的细节：

虽然是董事长专访，投资和品牌条线负责人也一并列席。针对专业的问题，由专业的人来发言和做决策。这背后，是兼听包容、心有沟壑的人格魅力。

卢董口中的发展之道，并不以规模为中心，而是反复强调质量节点的无差错、绿色建筑设计标准的落地，PC工业化应用率的普及。这背后，是有所坚守、沉稳发展的平和心态。

一家拥有建筑和工程基因优势的开发企业，通过建立流程和管理的标准化，不断构筑自己的核心竞争力，同时做到以产品质量为先，以客户体验为本。相信这样一家有所坚守的企业，能够在未来的房地产发展中，走出自己的升维之路。

企业发展历程

2004年 ● 成立于杭州

2007年 ● 东阳中天房产被中国房地产业协会评为"中国房地产高尚住区成功开发典范"

2015年 ● 入围中国房地产开发百强企业，排名第87位

2016年 ● 中天房产和中天建设并列为中天集团两个发展主业
浙江中天物业管理有限公司获得"2016年中国社区服务商TOP100"第7名

2017年 ● 浙江中天物业管理公司顺利取得三大管理体系认证

企业多元化涉及领域

/ 长租公寓 / 2017年成立了长租公寓品牌——米柚公寓，是与装饰行业龙头企业金螳螂共同打造的。米柚公寓打造了"米柚·悠鸽""米柚·西橙"两大公寓类型的长租公寓产品线，截至2018年9月已开业2000间。米柚公寓的运营重点在杭州、长沙、武汉3个城市，计划在3年之内做到30000间。

卢国豪
浙江中天房产董事长

1961年生于浙江东阳。自1979年加入东阳市建筑安装工程公司（中天集团前身）起，至今在中天集团已奋斗了近40年。2011年由中天建设体系转战房地产，任中天房产集团董事长。2008年6月毕业于浙江大学EMBA，高级工程师职称，一级建造师。

对话大家房产董事长赵炎林

具有金融思维的
轻资产+精品住宅
开发商

——

　　一家中型开发企业，缘何首次与绿城合作就主导操盘，连绿城总裁都对其称赞不已？要知道在杭州，绿城所有的合作项目当中，仅有两个项目让绿城选择让渡操盘权。

　　一家杭州老牌房企，何以受到万科、融创等外来大鳄青睐，合作开发数个知名项目，且在规划、配套、户型上均有参与，并在合适的时候以合适的身份完成轻资产的转变？

　　一家传统房地产企业，如何运用金融思维，在地产开发、公建代建、金融投资等领域不断进行创新和尝试，有效降低财务成本甚至达到负值？

　　一家深耕浙江的企业，为何无论行情上行或是下挫都能成功穿越周期？对于精品住宅的定义有何不同？对于产业标准化又有怎样的思考？

　　这是我们对大家房产这家房地产开发企业最想深层次了解的问题。

　　杭州市城建开发集团（大家房产）创建于1982年，1990年获得城市综合开发一级资质，1999年注册创立"大家房产"品牌，2015—2018年蝉联"中国房地产百强企业"荣誉。

　　主营住宅开发与经营、金融投资、大中型市政公建及代建、商业开发、物业服务等业务。作为杭州老牌房企的代表，经过36年的发展，大家房产积淀了深厚的品质优势和踏实的企业运营风格。

　　对话大家房产董事长赵炎林，我们希望深入了解以大家房产为代表的区域深耕型企业，其发展精髓和核心竞争力，以及对浙江市场和行业趋势的看法，包括下一步的发展路径和突围方向。

一、品牌赋能：构筑科技和教育壁垒

　　大家房产是一家专注于锤炼产品、低调潜行的地产开发企业，先后与融创、万科等品牌房企合作，在钱江新城打造多个高端品质项目，却鲜为人知。

·2013年，与融创合作开发大家钱江新城项目，双方各持50%股权，后案名定为望江府，入市即获得杭州高端客户肯定，成为融创和大家房产在杭州的明星项目之一。

·2014年，万科与大家房产合作推出钱塘府，当年成交378套房源，位列钱江新城成交套数首位，单盘销售14.8亿元，摘得江干区销售金额桂冠。

·2015年，融创联合大家房产拿下候潮府地块，为双方共同打造的第二座府系产品，承接了望江府一万多组溢出客户。

除了和品牌房企展开合作，打造多个杭州市场明星项目，大家房产还深度介入项目前期，从规划运营、配套设施、房型设计3个方面，全面提升项目的品质和高度。

大家房产究竟是如何做到的？我们挑选了3个典型项目，进行调研和复盘。

1.大家武林府：科技弥补短板

大家房产根据需求定制相应配套，通过高科技解决地块本身的问题，同时提高整体居住舒适度，成为最早开发科技住宅的先行者。我们认为，其科技地产的实践经验和思维方式值得进一步挖掘。

图1 大家武林府园区实景

作为大家房产在杭州的首个高端精品府系项目，大家武林府高端的项目定位、严谨的产品打造、苛刻的精装要求、先进的科技系统运用，在当时杭州业内的确有口皆碑。然而成绩的背后，却有一段曲折的历程。

大家武林府位于武林门商圈，地段优势突出，板块内可售住宅稀缺，原本大环境有着先天优势，但项目毗邻高架，周边老小区居多，小环境缺陷明显。对于项目的高端定位，业内并不认可：其一，地块靠近高架，没有景观资源；其二，大家房产缺少豪宅操盘经验。

图2　大家武林府实体样板展示

面对质疑，大家房产坚持独立思考，保持产品定位。

为了减少临高架住宅的噪音污染，在建筑选材上采用三玻两空玻璃，杜绝外部噪音干扰；为了确保空气质量，引入地源热泵和天棚辐射系统，保证空气流通、室内恒温恒湿；为了提高居住舒适度，建立包含地源热泵、电动外遮阳卷帘、远程App管家等在内的八大科技人居系统。

除了运用科技创新扬长避短，大家房产还通过设计创新为项目加分。在外立面设计上，没有盲目模仿，而是通过广泛考察和反复研究，筛选出富有品质感的石材，打造出低调奢华的建筑风格，和同期的高端项目绿城兰园和昆仑公馆形成显著差异。

基于科技创新的高品质产品最终获得了市场的认可。早期，开盘均价为每平方米5.5万—6万元，靠近高架的楼幢价格稍低，彼时周边项目均价仅每平方米3.7万—3.8万元，开盘去化成绩斐然。现在，二手房市场上，靠近高架的两栋酒店式公寓报价已经追平其余楼幢房源。

复盘大家武林府，我们发现，所有针对项目的思考和技术创新的动力，都源于解决实际问题的需要。结果，项目的整体观感得到提升，二手房溢价明显。背后，是大家房产独立自主的思考能力和强大的设计规划能力。

2.万科大家钱塘府：教育反哺地产

凭借既有国有背景，又可以进行市场化运作的企业DNA，大家房产在优质教育资源引进方面独具优势，其项目所在板块多成功引入了优质学校，成为做得多、说得少的教育地产先行者。

杭州项目已经进入的板块，也是大家房产未来计划持续深耕的板块。这种深耕不仅体现在增加板块的存量上，还体现在挖掘板块价值、完善板块配套、丰富各项资源，提升人居品质上。

以万科大家钱塘府为例，大家房产深耕该区域的配建，成功引入采荷二小新校区，为项目及板块教育资源再提新台阶。

其余项目也大多合作了优质学校，如：多立方（杭师大东城实验学校）、大家武林府（长江实验小学）、大家之江悦（求是教育集团）、融创大家望江府（胜利小学钱塘校区）、大家运河之星（新城实验小学）、万科大家世纪之光（崇文实验教育集团）。

图3 大家房产杭州项目大多引入优质学区

除了引进学校，大家房产在房型设计上，也更多考虑了客户的家庭结构和教养需求。

图4 万科大家钱塘府约130平方米的三室二厅二卫

钱塘府130平方米主力户型，结合两孩家庭的生活场景，把儿童房作为单独套房进行设计，幼儿期方便老人同住，学龄期可以做玩具室，第二个孩子出生后可以分开住；将客厅、餐厅、厨房等公共区域设计为大空间，保证足够的玩乐和陪伴空间；此外，增加利用面积，提高得房率，用一套房子满足不同阶段的教育需求。

针对钱塘府，最值得复盘的，就是其学区配套和房型设计，都遵循同一套逻辑思考体系，是一个具有鲜明教育标签的产品。

3.大家绿城金麟府：快而精的高周转

扎根于市场，以购房者的视角，进行项目营造和产品设计，形成独有的产品风格，并依靠强大的管理和运营能力，不折不扣打造精品住宅的同时，保证整体项目的快速周转。

图5　大家绿城金麟府园区实景（建设中）

2016年，杭州开始实行预售新政，大家绿城金麟府作为新政后最快入市的项目，在业内引起了巨大反响，从拿地到达到预售标准入市，只用了9个月，项目售楼部及样板间开放吸引了杭州乃至全国业内同行前来参观，究其原因：

一是大家房产对每一块志在必得的土地，前期都做了大量的基础调研工作，在拿地之前，已经将地块的强排及设计方案做了反复设计筛选，而在产品户型设计上，充分考虑地块区位市场及未来客户需求，最终选择在板块内做差异化产品，打造与需求群体契合度最高的改善型产品。

二是大家房产建立了一套完整的供应商数据库，把合作过并符合大家房产企业理念及要求的供应商纳入数据库，基于不断完善的供应商数据库系统，大家房产的项目在设计及施工上可以十分迅速地调集所需材料供应商，减少了招投标考核的时间，在对供应商的遴选方面，大家房产一直秉承着必须真材实料、精益求精的理念，这也让大家房产的产品一直保持高品质。

三是大家房产内部稳定性高，人员流失率低，企业理念、企业文化及企业共同价值观高度统一，在内部分工合作上，减少了各种问题带来的磨合时间，大大提高了工作效率。

图6　大家绿城金麟府会所实景

项目提前规划、提前入市，大胆创新地做区域内的差异化产品从而满足市场需求，保质保量的人性化精装标准，工作效率高的团队，使得大家绿城金麟府成功实现从拿地到首开仅9个月，首开到项目清盘仅1年的高周转目标。

基于上述项目的调研分析，我们发现，大家房产的核心竞争力有三大要素：

第一，基于市场进行独立思考，以此为前提进行项目营造和产品设计，形成独有的产品风格，强化品牌辨识度；

第二，早于多数房企涉足科技地产和全精装开发，以技术创新解决实际问题，保证项目高品质，实现项目高溢价；

第三，建立教育地产思维，发挥自身优势，引进优质教育资源，提升板块价值，在房型设计上遵循同一思考逻辑。

实际上，以上要素已经构成一家开发企业在品牌溢价上集中发力、在对外合作上大展拳脚的潜质。

二、品质坚守：以半标准化打造精品住宅

对于大家房产的发展方向，赵炎林董事长的脑海中有一个清晰的定位——做精品住宅的提供商。

置身行业变革的浪潮之中，所有参赛者都在奔跑，大家房产如何确保工程质量和产品品质始终处于行业前端？赵炎林坦言，企业有一套自己的产品逻辑。

1.制度化的保障体系

第一，地块选择上，只拿熟地，不拿生地。熟地是指核心城市或城市的核心区域，有规划利好、产业支撑、配套成熟、土地平整、能直接进行建设的地块。

第二，产品定位上，在项目前期进行充分打磨，采取"一盘一策"定制化方案。根据不同的区域和客户定位，进行户型匹配和配套营建。同时，在立面和景观设计上，与时俱进，引领经典。

第三，工程施工上，根据企业实力、集采能力、施工质量等指标筛选

合格的施工单位入库，建立长期合作关系。结合项目定位，从库中挑选5家左右供应方参与招投标，最终确定合作单位，并按合同约定支付工程款项。

第四，细部打造上，建立从刚需、改善到终极产品的全系列精装标准体系。针对每个项目进行系统复盘和结案评估，积累运营和实操经验，提高成本控制能力，推进精品品质升级。

第五，质量监管上，参照集团核定的质量标准体系，由施工单位先行自检，保证工程质量基本达标。同时，由工程质量管理部门牵头，每个月对在建项目进行飞行检查，保证项目品质在较高基点上有所提升。

第六，团队保障上，选择成熟稳定的员工团队，形成统一的价值观。从领导层到执行团队，一致秉持"用爱筑梦，以心建家"的品牌理念和"慎思于心，精细于行"的品质理念。培养和选拔内部人才，在外地市场的拓展中保证高品质的延续。

2.对标准化的理解

"产品标准化有利有弊，好处是复制速度快，扩张节奏快，坏处是产品千篇一律，做不了精品。"在赵炎林看来，完全的标准化并不适合现阶段的大家房产。

作为一家深耕浙江的中型企业，大家房产的战略版图尚未在全国范围内展开，而是聚焦于一个相对固定的区域，因此在具体项目的挑选上相对受限。

以大家房产已经布局的杭州、湖州、德清为例，即使制定出一个标准型产品，由于三个城市能级不同，市场需求各异，无法进行简单的复制。

即使在一城之中，由于区域发展、板块定位、周边界面、地块质素、客户需求不尽相同，完全标准化复制，会造成产品毫无特色，丧失与大型开发商博弈的资本。

对于标准化的运用，更适合大家房产的方式是：在由首置、首改客户构成需求主力的内陆城市，推行标准化产品；在杭州和其他核心城市，包括中型城市的核心地段，坚持"一盘一策"、在定位阶段仔细打磨的精品策略。

同时，"半标准化"并不妨碍大家房产在项目各大重要节点上，做到工艺工法的标准化，实现精品住宅的品质传承。

3.有质量地快速开发

基于对不同城市市场容量、周期变化和未来走势的判断，赵炎林制定了两套项目运转周期目标。

杭州项目要求以"5912"为标准化速度推进，即做到"5个月内开工、9个月内开盘、12个月内返还股东资金"。

三、四线城市项目要求以"25710"为标准化速度推进，即做到"拿地后2个月开工、5个月开盘、开盘去化70%、10个月收回股东投资"。

之所以对开发速度提出更高的要求，一是为了降低财务成本，如金麟府8个月开盘，通过适当的资金运作，财务成本实现负值；二是为了平抑市场风险，如湖州项目快速清盘，规避当地大量推地带来的市场隐患。

如何做到"有质量的快"？赵炎林分享了三点心得。

首先，管理上扁平化，简化决策程序，提高工作效率，遇到好的项目，当天完成决策；

其次，执行上做前置，保证"拿地—设计—施工"的必要时间，前期工作尽可能前置；

最后，速度上有节制，不盲目求快，一般项目9个月开盘，特殊情况5个月开盘。

制度化的保障体系加上"半标准化"的精品策略，助力大家房产在产品端实现"五比五好"，即"实景要比效果图好、交付要比样板好、软件要比硬件好、做的要比说的好、今天要比昨天好"。

而有质量地快速开发，则为大家房产更快的规模扩张提供可能。

2018年，大家房产计划完成销售额150亿元， 2020年计划实现"55818"目标——"5"：2020年资产规模500亿元；"5"：归母净资产50亿元；"8"：3年累计销售额800亿元；"1"：控制1家A股上市公司；"8"：金融投资板块3年累计净利润8亿元。

三、投资布局：区域深耕+择机扩张

"区域和城市的选择，往往比周期选择更为重要。"在投资布局方面，赵炎林一直坚持区域深耕战略，同时审慎选择进入城市。

2017年，大家房产获取12宗地块，拿地金额83.8亿元，包括湖州9宗、杭州1宗、温州1宗（合作）、绍兴1宗（并购）。其中，湖州、温州、绍兴均为2017年新进入的省内地级市。

2018年至今，大家房产获取了11宗地块，拿地金额122亿元，包括杭州4宗、湖州1宗、台州1宗、十堰5宗。2018年以十堰为突破口，首入湖北市场，开启华中区域的战略布局。

表1　2018年至今大家房产拿地项目

城市	宗地名称	属性	建面（万平方米）	总价（亿元）	拿地时间	成交方式
杭州	上塘地块	住宅	7.39	27	2018年1月8日	招拍挂
杭州	笕桥地块	住宅	11.50	35.81	2018年1月19日	招拍挂
台州	台州椒江地块	住宅	25.98	19.13	2018年3月14日	招拍挂
湖州	德清舞阳地块	住宅	13.39	11.68	2018年4月2日	招拍挂
杭州	富阳高桥地块	住宅	14.45	15.99	2018年4月28日	招拍挂
杭州	临安锦北	住宅	1.95	2.03	2018年5月4日	招拍挂
十堰	张湾区5块地	5块	72.20	10.5	2018年8月17日	招拍挂

目前，大家房产已立足杭州，多维拓局上海、黄山、湖州（安吉、长兴、德清）、绍兴、台州、温州、十堰等多个城市。

表2　2018年大家房产在售/待售项目

区域	项目
杭州区域	杭州大家、大家金钰府、大家金鼎府、万科大家九都会、龙湖大家九龙仓璟宸府、大家栖溪
潮州区域	大家仁皇府—云锦、大家仁皇府—九莲、大家漾山府、大家映荷府、大家橡树庄园、 大家银杏庄园、大家幸福里、大家阳光里、绿城大家德信凤栖雲庐
绍兴区域	大家阳光里、大家映江南
温州区域	德信大家龙湾大院
台州区域	大家金钰府、碧桂园大家滨江悦
黄山区域	芙蓉国（沁园、怡园、雅园、趣园）

未来大家房产将保持杭州市场70%左右的投资比重，同时重点关注杭州都市圈，包括浙江省内有产业支撑、人口净流入、供求关系平衡的地级市或县级市，对于2017年开始积极布局的绍兴、台州、温州，抓住时机放大市场份额，做到深耕浙江，另外密切关注长三角乃至全国范围内的机会型城市。

从2018年的新入地块来看，大家房产的拿地逻辑是"理性补仓+高标准产品地块加持"。我们看到，大家房产所获地块基本都是在当地的核心区域或是重要区域。

赵炎林告诉我们，在杭州，大家房产的拿地标准是按照备案价，而非预期做测算和有利润就拿；在浙江三、四线城市，则是选择相对核心区域，拿熟地而非生地，体量控制在10万平方米左右，原则上会做深耕，不会轻易退出。

从2017年开始，大家房产明显加快了外拓步伐，尤其在湖北十堰拿了5宗地，共计652亩，地上建筑面积72万平方米，其拿地思路值得借鉴，从城市初筛、城市定位、城市产业布局、城市人口流动性、城市基建配套要素、城市房地产市场健康度等多方面进行了考核。

一是地块质素高，对比周边3.5—4.5的容积率，这5宗地的容积率只有1.6，加上区位优势明显，这类产品在当地可以获得较大的流量支持；

二是货地比高，72万平方米体量，总地价仅10.5亿元，总货值70亿元左右，资金使用效率明显高于杭州；

三是市场安全性高，有汽车、军工等产业支撑，人口正增长，整体素质较高，房价没有被炒高，市场健康度良好；

四是十堰属于山城，类似重庆，未来土地供应量不大，风险可控。

刘晨光：基于浙江拥有包括平川、平原和山区等不同地势的地理特性，浙江房企已经形成5种布局模式和战略打法。企业需要转变思维，进入利好尚未完全确认且供地健康的城市。

建议大家房产适当平衡杭州都市圈与浙江省内投资的比例，择机进入浙江更多具有潜在红利的城市，同时放大在杭州的布局半径，尝试在二环线上发力。有产业支撑的山中小城，类似浙江的温岭、湖北的十堰，宅地供应量不大，市场购买力足够，财富人群没有常年在外，价格体系相对合理，这样的城市存在一定的开发价值。

针对十堰72万平方米项目，规范性企业由于覆盖范围达不到，这类土地拿不了，高周转企业只拿1—2年的货值，这类土地不能拿。对于大家，是在合适的时点，进入合适的城市，拿了合适的规模。

2011年起，由于大家房产务实的产品理念和出众的操盘能力，万科、绿城、融创、德信、宋都、中天、龙湖、九龙仓、平安不动产等品牌企业陆续与其建立合作关系，共同打造了多个高品质住宅项目，大家所展示的各项实力与打造的产品被广大同行交口称赞。

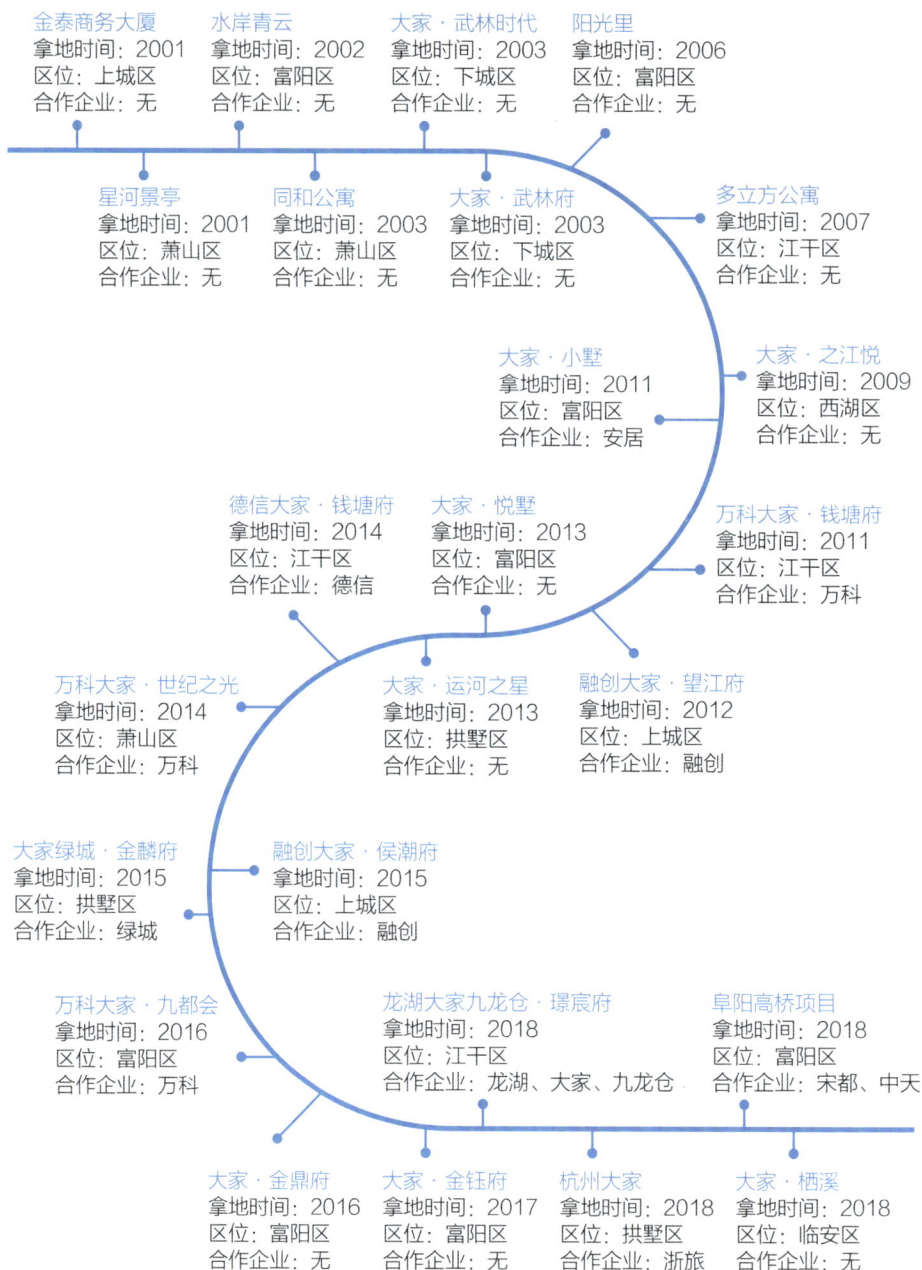

金泰商务大厦
拿地时间：2001
区位：上城区
合作企业：无

水岸青云
拿地时间：2002
区位：富阳区
合作企业：无

大家·武林时代
拿地时间：2003
区位：下城区
合作企业：无

阳光里
拿地时间：2006
区位：富阳区
合作企业：无

星河景亭
拿地时间：2001
区位：萧山区
合作企业：无

同和公寓
拿地时间：2003
区位：萧山区
合作企业：无

大家·武林府
拿地时间：2003
区位：下城区
合作企业：无

多立方公寓
拿地时间：2007
区位：江干区
合作企业：无

大家·小墅
拿地时间：2011
区位：富阳区
合作企业：安居

大家·之江悦
拿地时间：2009
区位：西湖区
合作企业：无

德信大家·钱塘府
拿地时间：2014
区位：江干区
合作企业：德信

大家·悦墅
拿地时间：2013
区位：富阳区
合作企业：无

万科大家·钱塘府
拿地时间：2011
区位：江干区
合作企业：万科

万科大家·世纪之光
拿地时间：2014
区位：萧山区
合作企业：万科

大家·运河之星
拿地时间：2013
区位：拱墅区
合作企业：无

融创大家·望江府
拿地时间：2012
区位：上城区
合作企业：融创

大家绿城·金麟府
拿地时间：2015
区位：拱墅区
合作企业：绿城

融创大家·侯潮府
拿地时间：2015
区位：上城区
合作企业：融创

万科大家·九都会
拿地时间：2016
区位：富阳区
合作企业：万科

龙湖大家九龙仓·璟宸府
拿地时间：2018
区位：江干区
合作企业：龙湖、大家、九龙仓

阜阳高桥项目
拿地时间：2018
区位：富阳区
合作企业：宋都、中天

大家·金鼎府
拿地时间：2016
区位：富阳区
合作企业：无

大家·金钰府
拿地时间：2017
区位：富阳区
合作企业：无

杭州大家
拿地时间：2018
区位：拱墅区
合作企业：浙旅

大家·栖溪
拿地时间：2018
区位：临安区
合作企业：无

图7　大家房产在杭项目

近年来，大家房产加大了各个项目的合作力度，通过股权收购、小股操盘等多样化的合作形式，积极寻找价值观与理念相符的合作伙伴。在相互合作的同时，汲取其他优秀房企的先进理念及技术，不断优化自我，补足短板，实现企业的自我成长。

比如，通过世纪之光项目，学习万科的系统性运营经验；通过望江府、侯潮府项目，学习融创的营销策略和高效运营观念；通过金麟府项目，学习绿城的园区服务理念；通过笕桥的璟宸府项目，学习龙湖的营销技巧和产品设计。获得合作方资源优势的同时，汲取合作方的操盘经验和运营技巧。

在赵炎林看来，合作最主要的目的是优势互补、资源共享。本土开发商对品质的营造、追求非常高；外来大的开发商，在项目运营上非常有经验。合作可以实现强强联合、优势互补、资源共享，实现了"1+1>2"的目标。

未来，大家房产会继续通过小股操盘，持续输出品牌，并不断向同行学习，以开放包容的心态，融合各家之长，同时寻求更多和有资源、有资金的实力企业进行合作的机会，比如平安不动产。

四、创新发展：四管齐下探索突围路径

为了实现"55818"目标，大家房产除了在住宅开发上加大货值储备，提高开发速度，同时积极拓展金融投资、代建、商业地产、物业服务四大主营业务，以期在规模上实现快速突围。

表3 大家房产的产品结构体系

产品体系	产品系列	代表项目
住宅项目	府系精品	武林府、金麟府、侯潮府等
	品质住宅	之江悦、多立方、阳光里、龙湾大院、芙蓉国等
商业项目	/	武林时代、金泰商务大厦、歌林商务大厦、芙蓉国趣园
市政公建	/	杭州师范大学仓前校区、杭州市委党校、杭州江南大道、上海大宁灵石公园等

1.金融投资

依托房地产行业资源，以大家祥驰资产管理集团为主载体，开展类固定收益投资、股权投资、证券投资和受托资产管理业务。

短线投资方面，利用集团内部短期头寸和公开募集的资金，主要面向房地产企业进行3—6个月的短投，通过土地抵押、股权质押、上市公司或发债主体担保等方式严控风险，获取收益的同时，保证足够的现金流，不影响拿地。

股权投资方面，2017年底祥驰资管完成了首个股权投资基金——祥晖深富基金的募集，引进外部投资人，实现了从单纯投资人到投资管理人的角色转变。

赵炎林深谙金融板块的重要性，他认为，地产开发的不确定性因素很多，金融板块的收益率则基本确定，地产行业形势不好的时候，金融投资业务反而有更好的机会，做好地产和金融的平衡，就可以达到削峰填谷的目的。

2.代建

主要承担大中型市政公建及代建，包括政府重点公建项目、市政道路、河道治理、公园建设等。

截至2018年，大家房产已完成建筑面积约133万平方米、总投资约85亿元的杭州师范大学仓前新校区、杭州市委党校、杭州中东河综合治理、清泰立交桥、中河立交桥、江南大道、紫金港路、古墩路、西溪路、上海大宁灵石公园、安吉县生态广场、黄山甘芙大道等近40个重大市政及公建项目的建设。

拆迁安置也是代建的主要板块。在上海，大家房产已建成崧泽华城秀景苑、奉馨苑等保障房项目。在杭州，已建成杭州三里新城，正在建设滨江22万平方米留用地项目。

赵炎林为代建赋予了金融属性，特别是上海，政府信用度较高，融资环境较好，只要合理利用账期的错配，就能实现财务成本负值，产生的资金头寸可以投入新的项目。

除了市政公建，接下来大家房产还会专设一个板块做商业代建，进行品牌输出。

3.商业地产

甲级写字楼、特色商业地产是大家房产在商业开发方面的主要业态表现。武林时代商务中心是杭城为数不多的，获得美国LEED国际绿色建筑金奖认证的写字楼。

此外，大家房产2017年开始涉足长租公寓领域，计划在未来科技城推出长租公寓试点，现已基本完工，打造自有品牌"初九"。

4.物业服务

作为国家一级资质物业管理企业、杭州市十佳物业服务企业、杭州市江干区物业协会副会长单位，大家物业已为杭州、富阳、金华等地多个品质住区提供优质的园区和物业服务。

　　针对不同住宅产品的定位，大家物业推出"白金世家""悦生活""乐生活"服务体系，贴合客户的居住需求，保证项目的品质延续。

....

　　大家房产是一家具有发展红利、资金实力、品牌能力、优秀团队，愿意以开放的心态谋求合作共赢的企业。未来，规范合作平台，与更多优秀企业合作；选择合适的时机，放大企业的股权杠杆；发挥品牌优势，提高品牌辨识度和品牌溢价，将成为大家房产快速发展、迅速崛起的利器。

企业发展历程

1982年 ● 在杭州创建（杭州市中东和综合治理总指挥部）

1990年 ● 更名为杭州市城市建设综合开发总公司，为直属市政府的事业单位

1999年 ● 注册并推出"大家房产"服务商标；与绿地合作建设上海大宁—灵石绿带项目

2000年 ● 与安吉县政府签订投资建设安吉生态广场等协议，获得开发土地面积660亩

2004年 ● 由事业单位转为企业，同年进入安徽黄山

2005年 ● 30%国有产权由杭州创业投资有限公司竞得

2006年 ● 25%国有产权由杭州创业投资有限公司竞得

2008年 ● 启动"08发展战略与规划"战略、"五大发展战略"

2015年 ● 首次获"中国房地产百强企业"荣誉，并提出"冲百亿、争百强、创百年"

2016、2017年 ● 蝉联"中国房地产百强企业"

企业多元化涉及领域

/ 长租公寓 /　2017年开始涉足长租公寓领域，计划在未来科技城推出长租公寓试点，现已基本完工，打造自有品牌"初九"。

————

/ 金融投资 /　2013年6月成立大家祥驰投资有限公司，2017年正式更名为"大家祥驰资产管理集团"，这也标志着大家金融板块进入新的发展阶段。同时大家房产以此为载体，开展金融类固定收益投资、股权投资、证券投资和受托资产管理业务。

赵炎林

杭州市城建开发集团有限公司（大家房产）董事长

于1995年起，先后担任杭州市城建开发集团有限公司副总经
理、总经理、党委书记，现任集团董事长。

对话荣安地产董事长王久芳

百亿浙企
如何应对竞争、不下
牌桌？

———

荣安地产于1993年上市，是华东地区首家深交所上市公司，其前身为始创于1965年的宁波机床总厂。荣安集团于2007年开始对其进行重大资产重组，注入优质房地产资产后，于2009年9月11日恢复上市，成为宁波市第一家纯房地产上市公司。在资本市场20余年的深厚积累下，荣安地产从宁波第一股，到宁波第一房地产股，不断引领宁波房地产市场，成为"甬派"房企的典型代表。

经历过几轮行业周期的变换，大量外来企业强势入驻宁波。2017年，首次进入的融创、龙湖等品牌房企，即做到了宁波市场份额的前十名。很多本土企业受到较大程度的挤压，市场占有率一度下降。对于驻守大本营的荣安，将如何突破局面，获得进一步发展？

一、"1+N"布局战略，加大宁波之外布局

财务指标指导企业拿地。荣安虽然近几年在宁波区的营收占总营收的比重持续上升，但随着更多外来开发商不断地入驻和加仓，宁波土地出让门槛抬升，地价走高，销售毛利率却在下滑，2014年至2017年分别为33.6%、33.2%、25.8%、24.08%。相比之下，荣安在宁波以外地区的销售毛利率总体呈上升趋势，2014年至2017年分别为15.4%、27.8%、22.6%、31%。在这种情况下，如果继续在宁波扩大投资，企业将面临更大的资金压力和周转风险，走出去寻求更多机会成了迫切之路。

表1 2015—2018上半年荣安各地区项目数量

年份	城市	项目个数	年份	城市	项目个数
2015年	宁波	3	2017年（续）	台州	1
2016年	宁波	5		重庆	4
	杭州	1		焦作	2
	嘉兴	2	2018年	宁波	7
2017年	宁波	5		温州	5
	杭州	2		嘉兴	2
	舟山	2		台州	1
	嘉兴	2		重庆	1

资料来源：荣安地产企业年报

从2017年开始，荣安加大了宁波之外的浙江其他城市或省外城市的拓展力度。2017年获取18个项目，2018上半年已新增16个，获取项目的速度大幅提高。此外，荣安近3年销售业绩不断攀升， 2015年27.7亿、2016年34亿、2017年52.8亿。这意味着荣安地产在拿地和销售方面同时发力，通过加快城市布局，积极提升市场占有率，实现有质量的扩大规模。2018年荣安提出百亿元目标，1—8月已完成81.4亿元。以此增储力度，全年实现百亿不成问题。

王久芳告诉我们，2018年荣安正式将扩大宁波以外的省内外布局思路上升到战略层面，提出"1+N"的城市布局战略，进一步推动全国范围内的布局发展。

· "1"是指以宁波为大本营，立足浙江本土，不断拓展长三角城市的市场，并对已进入的城市坚持深耕，利用品牌优势扩大市场占有率。

· "N"是指重点布局中西部省会及核心城市，开拓最新市场。

省内，荣安把宁波都市圈、杭州都市圈、环上海的嘉兴全域、民营资本发达的温州全域，当作布局的战略重地。作为浙江的老牌企业，荣安在这些区域坚持深耕，拥有较高的品牌溢价率，获得持续性产出。同时在一定的管理半径中，大本营长期稳定的供应商体系和成熟的总部操作团队也能够做支持。目前公司项目在杭州、温州、嘉兴、台州、舟山都积极落地，未来也将努力扩大这些地区的投入。此外，更多是择机进入浙江其他城市。

省外，荣安通过不断寻找国内房地产市场价值洼地城市，加快跨区域发展布局，避免单一的市场区域房地产调控政策对公司销售业绩产生较大的冲击。具体选择进入什么样的城市，王久芳给了一个标准：人口基数大、有产业支撑、有重大交通配套、人均收入高、市场相对健康的区域是首选，比如重庆、西安等。

其中重庆是荣安重点布局的一个城市。2017年荣安首进重庆，半年内获取了4个项目，分别是位于南区鱼洞的明月江南、鹿角的公园天下、西区华岩新城的林语春风和北区的柳岸潮鸣。

在项目的打造上，荣安将自己熟悉的"江南基因"嵌入重庆，从而提高在当地的品牌辨识度。不过有一个"因地制宜"的前提，因为即使在一城之中，由于区域发展、板块定位、周边界面、地块质素、客户需求不尽相同，完全的标准化复制会造成产品定位偏差，丧失与大型开发商博弈的优势。

所以，荣安·明月江南在鱼洞原有江岸生活的基础上，融入江南水乡的精雅生活理念；荣安·林语春风则考量了项目位居山麓下、林荫畔的地理优势，将源自苏杭的园林布景与原生态地貌、景观无缝连接，并配以科学低密的人居规划；美的荣安·公园天下则以江南建筑搭载智能化人居科技系统，打造了重庆首个5M智慧社区；悦来项目则鼎力为重庆筑造一个国际高端住区。

荣安在重庆的布局特征是拿地多、布局快、溢价高、决心强。王久芳介绍，这4个项目是荣安在重庆生根的开始，也是为深耕重庆做的准备。作为西部大开发重要战略支点，重庆的城市吸附力和影响力都比较强，正处于高速发展阶段，城市开发程度远远没有饱和。

表2　重庆地区新增土地储备情况

	地块名称	区位	计容建筑面积（万平方米）	取得时间	落地项目
1	巴南区李家沱—鱼洞组团地块	南区	7.2	2017年6月23日	荣安·明月江南
2	大渡口区大渡口组团M分区地块	西南区	19.4	2017年6月30日	荣安·林语春风
3	巴南区界石组团N标准分区地块	南区	12.2	2017年7月28日	美的荣安·公园天下
4	两江新区悦来组团C分区地块	北区	2.1	2017年12月11日	荣安·柳岸潮鸣

对于中西部其他核心城市，比如西安，多通过城市旧改和本地企业合作来择机进入。因为中西部地区相比浙江，客观上经济水平和房地产市场活力都偏弱。甚至很多省份除了省会城市，其他地区都不具备房地产投资价值。所以荣安在中西部的思路是有限进入核心城市，做标杆项目,注重长期利润。并且，在中原城市群还未形成的基础上，提前落户河南焦作。未来长三角城市群、成渝城市群、京津冀城市群、中原城市群、珠三角城市群将是荣安的重点发展方向，目前重庆、河南等地的多个项目在同时推进。

刘晨光：目前很多城市都在规范土地出让，减少出让总量，推行"量入为出"的土地政策。供应量控制住了，这些城市都会出现较大的土地增值机会，投资布局可以获得较为可观的土地红利。

比如重庆，在2018年，一次性缩减9000亩舍宅用地供应量。再比如西安，在西安土地管理工作领导小组召开第五次会议中，西安市委书记王永康提出了"五个统一，一个确保"，即统一收购、统一储备、统一供应、净地出让、市场运作、资金集中，确保合理评估土地的成本和相应的收益。此次目标的提出，意味着长期制约西安发展的高供应、高成交、高存量会成为过往。西安房地产市场的发展将会呈现出不一样的格局。

二、适度增长、低成本融资、小体量运作，保稳健发展

与浙系多数企业相比，荣安发展速度较为缓慢，主打稳健的逻辑：保持合理的负债水平，适度扩大规模，提升市场占有率，不激进扩张。这从荣安的融资成本和拿地方式中就可以明显看出。

1.低成本融资，严控财务风险

依托资本市场的长期发展，荣安始终保持财务的健康状态，降低融资成本，严控财务风险。近年银行平均借贷成本整体保持下行态势，从2014年的6.49%逐年下降，至2017年已降至4.98%，在行业里属于较低水平。这为公司未来继续扩大规模提供了充足的杠杆空间，也成为现阶段公司重要的核心竞争优势之一。

2.小体量、多合作，抵御风险

在拿地上，荣安倾向于选择小体量地块，以确保快速开工、快速开

盘、快速回笼资金做高周转；同时多以股权收购、合作开发等方式拓展项目。以2017年新增的18个项目就可以看出，土地面积均值在5.3万平方米左右，且近半数是通过股权收购的方式获得。

表3　2017年全国新增地储备情况

地块	土地面积（万平方米）	获取方式	地块	土地面积（万平方米）	获取方式
宁波地块	3.4	股权收购	台州椒江区地块	15.1	股权收购
宁波海曙地块	2.8	招拍挂	舟山岱山地块	2.7	股权收购
宁波余姚地块	3.4	招拍挂	舟山岱山地块	4.7	股权收购
宁波象山地块	6.6	股权收购	重庆巴南区地块	2.5	招拍挂
宁波鄞州地块	0.6	股权收购	重庆大渡河口区地块	6.9	招拍挂
嘉兴桐乡地块	2.3	招拍挂	重庆巴南区地块	6.4	招拍挂
嘉兴海盐地块	6.2	招拍挂	重庆两江新区地块	1.9	招拍挂
杭州余杭地块	4.3	招拍挂	焦作修武县地块	4.5	股权收购
杭州萧山地块	6.4	招拍挂	焦作修武县地块	15.0	股权收购

这种小体量、多合作的拿地方式，可以确保企业充足的现金流，提升抵御风险的能力。这种策略也为荣安跨区域布局提供了一种快速和安全的操作模式。

刘晨光： 从荣安自身来看，第一，作为老牌的上市公司，负债情况不严重，受去杠杆的金融环境影响较小。第二，在浙江大本营深耕，且多与其他企业合作，因此它在浙江的风险承受能力是较强的。所以走出去的投资，可以借助表内融资，而不是借助大量的表外融资，使它的整体风险变得可控。此时，荣安要做的是加速资产的回收，把回款做到极致。

三、两级构架、人性化跟投、制定管培机制

在管理体系上，荣安实施的是以"控股集团+城市公司"为主体的两级管控架构。

控股集团主要把握战略，做好风控管理和财务总控，最大限度发挥集团在资源整合和配置方面的优势。同时优化流程环节，抓大放小，对城市公司进行充分授权。总部很少参与具体业务，业务职能下放到城市公司。城市公司在设计、项目销售、采购及工程方面都享有充分的自主权，原本由集团负责的设计权属在2018年也下放给了城市公司，使城市公司职能进一步完善，在一定范围内形成独立的运作体系，提升项目运行效率。

目前是"一个总部、七个城市公司"的架构设置。宁波城市公司总控，外加杭州、嘉兴、重庆、温州、台州、宁海、郑州七大城市公司。之后随着企业发展不断增加和调整。

在拓展新城市的过程中，荣安也实施了跟投激励措施。具体来说，总部核心管理层和工程、营销、投资条线的负责人为强制跟投，其他为自愿跟投。目前公司的跟投比例在5%左右。随着企业进一步发展，整体的激励方案将进一步优化落实。

在人才管培机制上，荣安把招聘和培训单独分为两个部门进行精细化人才管理。并建立了员工培训和再教育机制，制定并实施与公司业务相关的培训计划，对管理人员和业务骨干进行定期考核。同时荣安也积极拓展培训渠道，与国内知名培训机构签订合作协议，从而加大对人才培训和储备的力度。

四、开放学习，对标各家之长，催动体系化升级

除了不断增强既有优势，荣安同时以开放的姿态积极与优秀的企业交流合作，并在不同领域对标领先企业，汲取其他优秀房企的先进成分，不断优化自我，补足短板，实现企业的自我成长。

·在产品体系上，对标学习国内品质标杆房企，提升产品营造能力；

·在管理体系上，对标学习万科和旭辉，形成"精总部、强区域"的管理，赋予城市公司更大的动力和自主性；

·在周转体系上，对标学习旭辉、中梁，在保质的前提下希望实现项目的高周转。

在王久芳看来，加强学习行业领先企业的先进成分，通过外部力量，可以更快更好地促进企业的升级发展。

2018年荣安地产制定了百亿元的业绩目标，未来3年，利润也能达到一定比例的增长，实现向管理要效益，使企业的管理和规模都能实现不断地优化和增长。

王久芳介绍，荣安下一步的目标是：第一，希望更多在股权合作、平台开放方面做好铺垫；第二，未来将在轻资产代建方面有所成长；第三，进一步加快项目的高周转效率。

无论是规模增长速度，还是财务模式上，荣安都奉行"稳"字当头。面对外来竞争，一方面加强大本营优势，一方面及时调仓，寻求更多的价值洼地进行布局。并在企业走出宁波、走向全国布局的战略发展期，潜心做好产品，同时以开放的心态学习行业标杆，构筑企业新的竞争维度，这是荣安这类企业应对外来竞争、不下牌桌的有力筹码。

企业发展历程

1965年 创建宁波机床总厂，是荣安地产前身

1993年 深交所上市，股票简称为"甬中元"（000517），成为宁波第一家上市企业

1999年 进行第一次资产重组，通过资产置换，公司主营业务由机械制造转变为通信设备和网络产品的开发研制和销售，并更名为"宁波成功信息产业股份有限公司"

2005年 被评为浙江省住宅产业十大领军企业

2009年 公司迎来第二次重组，剥离原有的资产和负债，并向荣安集团股份有限公司定向发行82800万元A股，进军房地产经营与开发，成为宁波市第一家纯地产类上市公司。同时更名为"荣安地产股份有限公司"

2015年 荣安地产牵手九鼎投资，拟在大健康投资、金融投资以及其他股权投资等领域开展合作

2017年 总部迁至宁波南部商务区的荣安大厦，从奉化江时代迈入南部CBD时代

企业多元化涉及领域

/ 教育 /　2016年荣安地产注册成立宁波荣安教育投资管理有限公司，注册资本1亿元。主要进行教育项目投资、教育信息咨询，以及投资管理、投资咨询、实业投资等业务。荣安教育，将成为公司涉足教育领域的投融资平台。在此基础上公司将进一步拓展教育投资，以期实现产业升级转型的目的。

/ 大健康 /　荣安地产主要通过兼并的方式进入大健康产业，包括医药、生物、医疗器械、医院、康复中心等产业，借助现有技术和人员快速实现多元化。2015年与九鼎投资合作设立产业并购基金，开展大健康领域的资产收购及项目投资。

/ 金融 /　荣安地产通过股权投资、收购等方式介入证券、银行、保险以及"互联网+金融"等领域。荣安地产委托同创九鼎寻找证券、银行、保险、互联网金融等金融领域以及大健康领域的相关资产；荣安地产将根据同创九鼎推荐进行项目投资流程，选择符合公司转型发展项目进行投资。

王久芳
荣安集团董事长

1963年出生，浙江宁波人，于1995年创办荣安集团，现任荣安集团股份有限公司董事长、荣安地产股份有限公司董事长。

早年担任过学校教师，后一边从实践中积累土木工程和工程管理相关经验，一边进修高等课程，相继获得高级工程师、高级经济师、高级经营师等职称。

对话天阳地产董事长蔡学伦

"半标准化"的
精品战略

——

在深耕杭州的本土房企中，有一家特别的企业。它虽然在规模上不及绿城中国和滨江集团，却凭借实力位列杭州本土房企前列；它虽然拿地谨慎项目不多，却总能跳出行情之外创下热销的业绩；它虽然为了严控风险选择相对保守的发展方式，却在产品上创新迭代，成为杭州地产界的"户型专家"。

这家既受到同行包括竞争对手的尊敬，又赢得客户认同和市场口碑的房地产开发企业，就是天阳地产。

2017年下半年，天阳开始走出杭州，布局浙江省内其他重点城市。一年内连拿9宗地，深耕杭州，新拓宁波、丽水、桐庐、绍兴、台州、金华，实现多点布局，进一步扩大发展，颇受行业关注。

对话天阳地产董事长蔡学伦，我们希望深入了解以天阳为代表的杭派品牌房企，其战术打法和核心竞争力，包括"走出去"的战略考量，以及对未来的发展路径和突围思考。

一、不断进阶的户型专家，以制度化保障品质

杭州是一个逼着房企拿出最好产品才能立足的市场。天阳自2001年创建以来，深耕杭州十七载，行业几度浮沉，都能穿越周期，越变越强，关键是有好产品、好品质。

1.立足市场需求，有针对性地进行户型研发和创新

好产品首先要有好户型。蔡学伦带领的天阳人，一直以匠人之心，专注客户的需求变化，有针对性地进行户型研发和创新，打磨出

经得起市场考验的房产品。在不同的时期，天阳的户型设计始终走在行业前端。

· 2008年，在天阳·上河的户型打造中，天阳地产成为杭州第一个做出"90方三房"的开发商。

· 2014年，天阳朗系产品在三房两卫的基础之上，增设独立储物空间，功能更强。

· 2015年，天阳户型进阶，开始以精装作为未来住宅品质的提升方向。

蔡学伦坦言，天阳的户型研创最早是针对刚需类90平方米产品，未来将主打120—140平方米的中高端改善产品，从户型、建筑、景观、配套、服务等各方面来打磨满足中高端改善客群需求的产品。

除了一直保持"户型专家"的优势，天阳还将新产品线融合于社区。2018年，天阳提出"暖暖"社区理念，从童乐空间、休闲书吧、茶吧等的社区空间打造，到"五米微笑三米问候"的物业礼仪细节，在园区营造、功能设计、物业服务等方面提升核心竞争力。

2.控制节点标准化，产品生产半标准化

关于标准化，蔡学伦有着自己独特的见解：标准化与半标准化并行，充分聆听市场需求。

一方面，标准化的高周转可以压缩前期工作和非制造部分。通过对销售、案名、样板段、售楼处、精装修、时间节点实行标准化，进行统一的运营管理，降低整体运营成本，形成识别度较高的共性品牌标签。

另一方面，客户端的变化，带来需求的演化，催生产品的变革。完全标准化的产品无法满足个性或地域需求，容易产生水土不服。半标准

化的优势则可以灵活进行适宜市场需求的产品设计，满足消费者需求，提高周转效率。

以市场真实需求为指导，实行半标准化的设计和打造。以质量和品质为根本，在产品设计和建筑施工过程中慢一点，在前期准备和节点把控中快一点，最终实现有质量的高周转。

正如蔡学伦所说，天阳一直把房地产当作制造业来看待，其实建筑产品的复杂程度比机械制造更大，包括对区域市场的认识、地块的筛选和定位、建筑材料的设计、供应商的把控等。认真对待每个城市的每块土地，用心打磨差异化的房产品背后，是天阳对于房地产行业和购房者的敬畏之心。

蔡学伦： 建筑要有时代特性，开发商在不同时代做的产品要符合时代的审美和特性。天阳从2017年开始进行产品体系改革，包括外立面从新古典主义到现代风，装修风格从欧式到简约，都是顺应市场和需求的变化。

刘晨光： 好的产品需要打磨，不断演变的需求需要在产品推敲中不断迭代，以住宅为例，做精品住宅想要获得客户的认可和市场的口碑，不适合一概采用标准化。与营销端有关的，可以采取适度的高配，形成标准化，但有关居住实用性和特殊需求方面，需要逐个项目进行差异化设计。所以说，精品策略更适合半标准化。

3.建立精装标准体系，配合制度化的品控保障

精装修是检验一家房企品质把控能力的重要标准。经过多年精装研

发突破，洞察业主真实需求，天阳于2015年提出"悦精装"概念，建立五大类34项精装体系，实现更多收纳空间、更具功能性、更舒适生活。

在蔡学伦看来，真正把品质落到实处的确知易行难，尤其是精装房产品，要做到非常高的交房率，更要提前下功夫。

比如，在住宅全系精装之前，天阳花了两三年进行准备。试点范围从开始的80—100套，逐渐扩大到200—300套，再到后来的600多套。在此过程中，不断积累工程经验，培养管理人才，加强与承包商和供应商的磨合。

二、走出杭州大本营，全面发力大浙江

作为杭州本土企业，自2001年成立之时起，天阳一直奉行深耕大本营战略。至今，围绕杭州核心区域，已完成20余个项目的开发建设，打造出多个拥有经典户型的品质楼盘。

2017年下半年，受到杭州市场日趋严峻的竞争压力和持续收紧的限价政策影响，天阳调整战略布局，走出杭州大本营，开拓浙江省内其他重点城市和潜在市场。

1.快速拉伸投资版图

从2017年6月到2018年7月，一年多时间，天阳连续拿下9宗涉宅用地，在深耕杭州的基础上，成功挺进宁波、丽水、桐庐、绍兴、台州、金华等浙江省内重点城市，快速实现投资版图的拉伸。

通过密集增储，目前天阳在省内的在售和待售新项目已经达到10个，

覆盖"天第系""天邸系""天睿系""天逸系"四大全新产品系。

其中，宁波的永丰天第、月湖天第为"天第系"代表项目，丽水的天阳·中山邸、天阳华鸿括苍邸，台州的天阳·文昌邸和杭州城东的天阳融信·东方邸同为"天邸系"代表项目，杭州城西的天阳蓝光·蔚蓝为"天睿系"代表项目，桐庐的天阳·云栖梅林、绍兴的天阳·云栖龙山为"天逸系"代表项目。

蔡学伦表示，2017年拿地项目会在2018年第四季度集中出货，可以预见，2018年后程，天阳的业绩抬升动力十足。

下一步，天阳会在已进入城市择机深耕，同时跟进省内及长三角都市圈内的其他机会。

接下来，随着招拍挂市场溢价减少，配建及付款条件放松，杭州可能重现机会。蔡学伦坦言，第四季度考虑在杭州择机拿地，如果供求关系健康，能够快速出货，不排除把拿地范围从核心区域向周边扩散。

在宁波、丽水、桐庐、绍兴、台州、金华，会根据城市容量，继续加大深耕，包括市区和周边，把根据地打扎实。此外，进入浙江其他一些核心城市，再布1—2个点，为更好的发展做铺垫。

2.城市选择标准和拿地逻辑

只花了一年多时间，就连续进入6个全新的城市，天阳有一套独特的城市选择标准和地块筛选逻辑。

第一，深耕浙江，先布点，再发展。

本轮周期浙江存在大量的真实需求。一方面，浙江总体经济发展程度领先，多地市场环境得到很大改善；另一方面，浙江城市化进程加快，老房子需求更新换代，旧改催生置业需求。

天阳的布局策略是，进入具有市场潜力的地级市，选择区位优势明显、配套资源齐全的地块，用杭州领先的产品打开市场，做出口碑，先布点，再深耕。

第二，在杭州及周边，降低拿地苛刻程度。

蔡学伦认为，进入城市最难的是对土地的理解。同样的土地，放到外来人口集聚的大城市，和放到本地购买力支撑的小城市，操作难度完全不同。

前几年，天阳讲究安全，谨慎布局，只拿杭州市中心的地，与一些机会失之交臂。比如，考虑到本地购房者的看法，放弃布局下沙，此后外来房企进入，做得风生水起。2017年下半年，天阳首入临安，布局青山湖科技城，说明天阳降低拿地苛刻程度，未来愿意在更多周边区域进行布局。

第三，新入城市，拿核心区域的"熟地"。

一进宁波，天阳就在老海曙、江北豪宅区等核心区域拿地，拿的都是稀缺地块。"拿熟地不拿生地，拿适合做改善的地不拿空白的地"，是天阳打开新入市场的第一步。从高往下的打法，一能做到高溢价，二能保证现金流快速回正，三能树立产品和品牌形象，四能发挥其品质地产商的优势。

第四，拿小体量地块，先做品牌，再扩张。

在宁波、台州等新入城市，天阳的策略是用体量较小、总价可控的地块投石问路，在这些城市先摸清需求、做好品牌，建立客户认知，之后再加大对其他领域的扩张。此外，城市的核心区域一般供不出大地，也是天阳先拿小体量项目的客观原因。

三、对于天阳股权融资和扩大规模的建议

蔡学伦经常说，选合适的地点，在合适的时间，造合适的房子。我们看到，坚持品质、诚信为先的天阳，正在积极地走出去。我们认为，在创新发展方面，天阳的步子可以迈得更大一些。

1.关于股权融资

刘晨光： 浙系房企在崛起过程中，大量运用股权杠杆进行融资，天阳具备品质营造的优势，下一步是否考虑通过股权合作输出优势、扩大发展？

蔡学伦： 天阳的风险控制意识比较强，过去更多是在土地市场和项目股权方面进行合作，合作项目也都是天阳操盘。天阳目前坚定走出去，并且秉承一贯合作共赢的态度。未来我们会尝试与多方合作，争取更多商业机会，项目合作不一定自己操盘，打开视野，多向其他优秀的实力房企学习。

刘晨光： 建议天阳在股权、货款、供应链等方面加快合纵连横，多维度筹措资金，快速放大规模。有些浙系房企在底层设置、激励制度、分层股权等模式，值得参考借鉴。小股操盘通过摊薄权益，牺牲部分利益，换取对现金流的掌控权，同时获得操盘溢价。天阳拥有品质营造、品牌溢价、制度体系的优势，在行业低迷期，设计好发展路径，调整好内部结构，下一轮周期到来时，可以利用股权杠杆，更快抓住发展机会。

2.关于投资布局

蔡学伦：杭州土地市场竞争激烈，地货比居高不下，现在拿地并不划算，我们必须走出去，第一个目标就是宁波。目前来看，宁波市场不温不火，调控管制也比较严格。

刘晨光：由于行政级别高，宁波的供地量相对较大。我们认为，决胜大宁波，关键在于把握萧绍甬平原的发展先机，布局的重点不一定在核心区，未来会在南北两侧，沿4、5号线大量供地，而且这些区域的价差会逐步缩小。

蔡学伦： 2018年以后，我们考虑在宁波、丽水、桐庐、绍兴、台州、金华继续布点。

刘晨光：在浙江，可以发掘一些能够持续发展的城市，尤其是交通、产业等价值尚未完全兑现，对下属县市的吸附能力快速提高、最高房价和均价拉开明显差距的城市。同时，建立一些小根据地或者轮耕区域，比如衢州、丽水等浙南城市，一手房供应有限，二手房活跃成交且价格坚挺，所以在这些区域进行差异化布局的同时，也可以适度关注并择机进入下一级城市。

3.关于产品创新

刘晨光：进入城市的核心地段，打造精品产品，是一种思路；往外围走，做一些低密度的产品，通过产品创新实现溢价，也是一种思路。但总体上，产品设计、社区规划，全面采取一种"降维打击"的策略非常适合已经全面发展起来的浙江改善型需求市场。

蔡学伦：是的，面对这波改善需求，我们已经在做一些尝试。比如在城市比较好的地段，做150—170平方米的合院产品，带50—60平方米的院子，地下室也有一定赠送空间，满足有经济实力的客户需求。未来还会将这些成型的产品系列，布局于更大的范围。

4.关于品牌输出

刘晨光：我们看到，有些龙头企业正在积极介入都市圈内的复合型项目，包括一级开发，比如代建、地铁上盖、都市圈小镇等，天阳在这个方面，是否有考虑？

蔡学伦：这类项目周期比较长，资金占用比例比较高，我们也在关注，目前还没有涉及。对于天阳，目前主要还是依靠流量型项目的布局和加大投资，迅速做大规模，拉开发展框架。

在整个交流的过程中，我们可以明显地感觉到，天阳对这个行业充满敬畏之心。蔡学伦认为，房地产并不是简单的制造，对比在固定空间完成质量控制的制造，房地产链条更长，品质更不容易把控。因此天阳必须做到三点，一是控制内部节点，二是提供时间保障，三是遵循"一项目一策"。

对精品战略的坚持，品质营造和品牌美誉度，是天阳的发展优势。在过去的两年间，天阳已经加大了投资布局的力度，以"降维打击"的产品势能，以安全的布局策略，迅速进入不少潜力内生型城市。而这种更大范围内的深耕和发展，会为这家精品化开发商带来更大的增长和机遇。与此同时，天阳面临的最大问题，是金融思维的不足和金融工具的利用不充分。但我们也看到了天阳的积极改变，包括人才引进，包括和更多的行业领先企业更多维度的合作。我们期待，未来天阳可以秉承匠人精神和品质浙企的特征，在创新方面，在金融的多元利用方面，做得更好。

企业发展历程

2001年 ● 在杭州成立

2006年 ● 获得二级房地产开发资质

2009年 ● 年度销售额首度突破10亿元
天阳控股集团有限公司成立，获一级房地产开发资质
浙江天阳物业管理有限公司获得物业管理二级资质

2016年 ● 总部隆重搬迁至天阳 · D32
天阳置业正式更名为天阳地产

2018年 ● 进入"中国房地产百强企业"

蔡学伦
天阳地产董事长

同济大学研究生学历，2001年创立杭州天阳置业有限公司。

THANKS

致谢

本书得以成书，首先要感谢浙系房企的十二位企业家，他们向我们敞开心扉，畅聊企业运营和管理中的经验得失。没有这十二位企业家的信任和帮助，本书就无法与读者见面。

其次还要感谢在访谈和撰写的过程中，各位合作伙伴给予的倾力协助和细心安排。他们分别是：朱立东、李国富、卞克、顾飞、郭镇、许琴、丁岚、刘仲晖、张盼盼、褚瑶、陈斌、熊禄、徐连生、张和顺等。

感谢易居企业集团克而瑞企业战略部和浙江区域的所有伙伴们。他们一贯秉承"少谈主义、多解决问题"的态度，在信息建设、投资咨询、企业战略咨询和品牌服务方面，默默地付出了很多努力。

最后，要特别感谢易居中国周忻主席对易居企业战略部和克而瑞浙江区域的大力支持，感谢易居企业集团CEO丁祖昱先生为本书作序，感谢易居企业集团执行总裁张燕女士对本书工作的指导。

在本书成书的过程中，我们感受到协作的力量和信任的力量，这些都让我们不敢停下脚步，不断精进，做到更好。

这是属于前行者的时代，让我们携手同行！

黄春雷
中梁控股总裁

费忠敏
德信地产总裁

王久芳
荣安地产董事长

蔡学伦
天阳地产董事长